Führungsstärke oder Charisma?

Rudolf O. Zucha
Sigrun D. Schlick
(Hrsg.)

Führungsstärke oder Charisma?

PETER LANG
Frankfurt am Main · Berlin · Bern · Bruxelles · New York · Oxford · Wien

Die Deutsche Bibliothek - CIP-Einheitsaufnahme

Führungsstärke oder Charisma? / Rudolf O. Zucha/Sigrun D. Schlick (Hrsg.). - Frankfurt am Main ; Berlin ; Bern ; Bruxelles ; New York ; Oxford ; Wien : Lang, 2000
ISBN 3-631-36040-1

Gedruckt mit Förderung des
Bundesministeriums für Wissenschaft
und Verkehr in Wien

Gedruckt auf alterungsbeständigem,
säurefreiem Papier.

ISBN 3-631-36040-1

Printed in Germany 1 2 4 5 6 7

Inhaltsverzeichnis

Vorwort der Herausgeber

Um der Komplexität des Themas *„Führungsstärke oder Charisma?"* gerecht zu werden, bedarf es eines interdisziplinären human- und sozialwissenschaftlichen Ansatzes. Durch die interdisziplinäre Zusammensetzung der Autoren der vorliegenden Arbeit ist die geforderte Interdisziplinarität gewährleistet.

Im Mittelpunkt der Untersuchung steht immer der Mensch, der einzig mit seiner physischen und psychischen Arbeitsleistung Werte schafft, ohne die unsere Kultur und Gesellschaft nicht existieren könnten. Die Arbeitsleistung der Führungskraft ist die Führungstätigkeit, indem Menschen und Mittel so koordiniert werden, daß betriebliche Ziele erreicht werden können. Benötigt sie dafür Charisma?

Diese und weitere Fragen sollen durch die folgenden Beiträge beantwortet werden. Was ist Führungsstärke und wie können Führungskräfte optimal ausgewählt bzw. das betriebliche Führungspotential ermittelt werden? Was ist Erfolg? Können Organisationen lernen?

Eines der wichtigsten Probleme am Arbeitsplatz ist Streß. Dauerhafter, unbewältigter Streß führt zu den bekannten psychosomatischen Erkrankungen (Hypertonie, Migräne, Ulcus duodeni, Colitis ulcerosa, Astma bronchiale, koronare Herzerkrankungen) und muß daher ernst genommen werden. Eine spezifische Form von Streß wird durch den Begriff Entfremdung beschrieben und hängt stark mit dem Sinnverlust in der Arbeitstätigkeit zusammen. Das Problem Streß im Beruf wird hier von mindestens drei verschiedenen wissenschaftlichen Positionen aus behandelt (Lebensphilosophie, Individualpsychologie, Gesprächs-Psychotherapie, Relaxationstraining) und Lösungshilfen angeboten.

Inwieweit kann bei Streß Kreativität förderlich und die individuelle Lebensweise entscheidend sein? Wann und unter welchen Bedingungen sprechen wir vom entspannten Mensch? Wie kommt es zu Streß-Belastungen und wie kann ihnen entgegengewirkt werden?

Eine spezifische Form der Managerberatung ist Coaching. Was unterscheidet Coaching von anderen Formen der Beratung, einschließlich Psychotherapie?
Was sind die Forschungsfelder in der Wirtschaftspsychologie? Ist „action learning" eine besonders effiziente Form, um lernende Organisationen zu schaffen und zu fördern?

Die an diesem Band mitarbeitenden Autoren werden versuchen, diese Fragen, die für den Manager in der Praxis, aber auch für den einschlägig Studierenden von größter Wichtigkeit sind, erschöpfend zu beantworten. Die Sprache der Autoren ist klar und verständlich, so daß das Buch mit großem Vergnügen gelesen werden kann.

Als gute Ergänzung sei hier auch das Buch *„Führungsstärke in der Praxis – Leadership, Organisation, Kultur"* (WUV- Wiener Universitätsverlag Wien 2000) genannt, das in 2. Auflage in Druck geht.

Die Autoren des vorliegenden Buches haben sich nicht nur als Hochschullehrer und Managementberater von internationalem Ruf bewiesen, sondern auch als Autoren der *„Internationalen Zeitschrift für Sozialpsychologie und Gruppendynamik in Wirtschaft und Gesellschaft"*, die heuer das 25. Gründungsjubiläum feiert.

Rudolf O. Zucha / Sigrun D. Schlick
Wien und Sarasota (Florida), im Frühjahr 2000

Führungsstärke oder Charisma?

Rudolf O. Zucha

Gibt es ihn eigentlich, den geborenen Führer? Machen Menschen mit Charisma Geschichte, oder verleiht Geschichte Charismatikern die Macht?

Als charismatische Führer bezeichnen wir solche hervorragende und selbstsichere Personen, die von der Überlegenheit ihrer Ideen (Visionen) überzeugt sind, bei ihren Anhängern Liebe, Ehrfurcht, ja Hingabe, bezüglich ihrer Ziele Begeisterung und hoffnungsvolle Erwartung auf Erfolg erzeugen können.

Charismatische Führer wie etwa der legendäre Werner von Siemens (1816-1892), John D. Rockefeller (1839-1937), Thomas A. Edison (1847-1931), Nikola Tesla (1856-1943), Henry Ford I. (1863-1947), der Gründer von Unilever William Hesketh Lever (1851-1925), der Gründer von IBM Thomas Watson (1878-1956), der tschechische Schuhkönig Thomas Bata (1876-1932), aber auch der kürzlich verstorbene Sam Walton (Gründer von Walmat und größte private Arbeitgeber der USA mit derzeit 1,16 Mill. Beschäftigten) schrieben Unternehmensgeschichte: Historische Beispiele lehren uns aber auch, daß charismatische Führer vieles um sich zerstören und viele Fehlentwicklungen zunächst nur durch ihr Charisma überdeckt haben.

Die großen innovativen Gründerpersönlichkeiten ("Entrepreneurs", Joseph Schumpeter, 1934) sind in der Regel von Managern abgelöst worden, die eher als bürokratische Verwalter in erstarrten Großorganisationen, denn als Führerpersönlichkeiten bezeichnet werden können. Abraham Zaleznik, Professor für Leadership an der renomierten Harvarduniversität fordert daher neue (charismatische) Führungspersönlichkeiten für die Unternehmungen (Zaleznik, 1992) und kommt damit scheinbar dem postmodernen Zeitgeist entgegen.

Demgegenüber kommt im Standardwerk der amerikanischen Managementliteratur *"Management: Tasks, responsibilities, and practices"* von Peter Drucker (1974) der Begriff Charisma oder charismatische Führer auf mehr als 800 Seiten kein einziges Mal vor: Drucker hat mit dem Begriff Manager das Auslangen gefunden.

Einer der einflußreichsten Managementtheoretiker der Gegenwart ist Peter Senge (Professor am MIT Center for Organizational Learning, Boston). Er beschreibt in seinem Buch „The Fifth Discipline“ (1990) die Problematik des Charismas, indem er darauf hinweist, daß Charisma persönlich gebunden sei, daher nicht an untergeordnete Führungskräfte weitergegeben werden kann und im Falle des Ausscheidens eine gefährliche Lücke hinterlaßt.

Es ist heute hoch an der Zeit, das Phänomen Charisma, das ursprünglich von der Theologie herkommt und dort *"von Gott begnadet"* bedeutet, kritisch zu hinterfragen.

Das Konzept *"Führungsstärke"*, das sich auf die Ich-Stärke der Führungspersönlichkeit bezieht und auf der Erkenntnis der humanistischen Sozialpsychologie beruht, überwindet sowohl die Metaphysik der charismatischen Theorie als auch den bürokratischen Formalismus der konventionellen Management-theorien. Ich-Stärke ist demnach Voraussetzung für die innere Freiheit, *Entscheidungen verantwortungsvoll und vernünftig* herbeiführen zu können, eine wichtige Voraussetzung für jeden Menschen, vor allem aber für die Führungskraft, die Entscheidungen zum Wohl der ihr anvertrauten Menschen und Werte treffen muß.
Bei Menschen ohne Ich-Stärke ruft die menschliche Freiheit, Entscheidungen treffen und Verantwortung tragen zu können, *Ängste* hervor (ZUCHA, 1995).

Zunächst aber zum Phänomen Charisma in Kirchen (Sekten), in der Politik und im Management. Dabei sollen zum Zwecke der Illustration Beispiele aus der Weltliteratur herangezogen werden.

Das Phänomen Charisma in Kirchen (Sekten)

"Die letzten Orgeltöne verklangen unter den Gewölben von Santa Maria del Fiore. Die Menge erfüllte die Kirche mit erstickender Wärme, mit leisem Geräusch. Unter den hoch hinaufragenden Spitzbögen war es geheimnisvoll finster, wie in einem dunklen Wald. Über dem Altar leuchteten in der Finsternis die rötlichen Flammen der Siebenleuchter. Die Messe war zu Ende.

Kommt Er bald? Wann denn? Ich halte es nicht mehr aus! Plötzlich erbebte das Menschenmeer. Man flüsterte: 'Er kommt, er kommt, er kommt!' Es wurde so still, daß jeder das Schlagen seines eigenen Herzens hören konnte. Die Augen des Mönchs glühten immer stärker... Er schwieg, und die Erwartung wurde immer unerträglicher: Es schien, als könnten die Menschen es nicht mehr aushalten, als müßten sie vor Entsetzen aufschreien. Aber es wurde noch stiller, noch unheimlicher. Plötzlich zerriß die Todesstille ein ohrenbetäubender, herzzerreißender, unmenschlicher Schrei Savonarolas: 'Ecce! Ego adduco quas super terram!' Ein Hauch des Entsetzens, das die Haare zu Berge sträubte, überflog die Menge"

Dimitri Mereschkowskij (1935) beschreibt den charismatische Auftritt des religiös-fanatischen Bußpredigers Girolamo Savonarola (1452 - 1498).

Moderne religiöse Sekten (wie etwa die Moonsekte oder die Scientology) bedienen sich erfolgreich des methodischen Instrumentariums der Klinischen Psychologie und der Sozialpsychologie (Massenpsychologie) und sind besonders erfolgreich bei Menschen, die sich in einer psychologisch kritischen Situation befinden. Die religiösen Sektenführer verlangen von den ich-schwachen bzw. ich-geschwächten Anhängern absoluten Gehorsam und Unterwerfung, die von ihren Anhängern kritiklos gewährt werden.

Das Phänomen Charisma in der Politik

"Die Massen warteten stundenlang auf das Erscheinen des Führers. Während der Wartezeit wurde die Spannung durch Vorführungen, aufpeitschende Musik und schon allein durch die körperliche Erschöpfung - stundenlanges Stehen - bis zur Unerträglichkeit gesteigert. Das Erscheinen des Führers und damit das Ende der Spannung wurden als große seelische Erleichterung empfunden, was sie ja auch war. Wer erlebt hatte, wie das Erscheinen des Führers Erleichterung und das Ende der Spannung mit sich brachte, erhielt das Gefühl, daß der Führer eine naturgegebene Kraft besaß, von belastender Spannung zu befreien. Das hatte Dankbarkeit und Überzeugung zur Folge, daß er eine 'magische' Macht über den Menschen habe" (Bruno Bettelheim, Aufstand gegen die Masse, 1980).

Inszenierte Massensituationen und der entsprechende Theaterdonner - Musik, Rhythmus, Fahnen, Farben, Symbole, Fackeln - sind wichtige Requisiten des Charismatikers, Voraussetzung dafür, daß ihm "begnadete" Eigenschaften, außeralltägliche Kräfte oder Verbindungen mit übernatürlichen Gewalten wie Gott, der Vorsehung oder der Geschichte zugesprochen werden. Er fasziniert seine Anhänger, zieht sie in seinen Bann (besonders durch seine Rhetorik, gespickt mit einer gehörigen Portion Demagogie) und bewirkt so Abhängigkeiten, die gegen jede Vernunft obsiegen. Diese Abhängigkeiten führen zum blinden Gehorsam, zur bedingungslosen Hörigkeit. Der NS-Slogan "Führer befiehl, wir folgen Dir"! - (wir folgen ohne selbst zu denken, seelenlos, Kadaver-gehorsam) ist ein gutes Beispiel für dieses Phänomen.

Charismatikern werden nicht selten diabolische Züge zugeordnet, wirken als besessen oder gezeichnet. Der berüchtigte Demagoge mit charismatischen Zügen Dr.Joseph Goebbels, der die Kunst der Verführung mit rhetorischen Mitteln perfekt beherrschte, ist wegen seines Klumpfußes als "Hinketeufel" aber auch als "Bock von Babelsberg" bezeichnet worden. Letzteres in einer Anspielung auf seine zahlreichen Affären mit Schauspielerinnen. Als Minister für "Volksaufklärung und Propaganda" hatte er eine außergewöhnliche Machtkompetenz beim Aufbau oder beim Zerstören von Schauspielerkarrieren. Berüchtigt war seine Mesallianze mit der tschechischen Filmschauspielerin Eva Baarova.

Die Inszenierung von massenpsychologischen Phänomenen waren sowohl Adolf Hitler als auch Joseph Goebbels durch das Studium des Hauptwerks von Le Bon "Psychologie der Massen" gut bekannt. Gelernt haben sie auch von den großen Inszenierungen der katholischen Kirche, den Mai-Aufmärschen der Arbeiterparteien, aber auch vom Musiktheater Richard Wagners und der Kulissenarchitektur Albert Speers.

Charismatische Führer gibt es aber auch bei demokratischen Politikern. John Fitzgerald („Jack") Kennedy (1917 - 1963) und Martin Luther King (1929 - 1968) sind an dieser Stelle zu nennen. Beide charismatischen Führer sind als quasi Erlöser in einer Notsituation präsent geworden. John F. Kennedy anläßlich der Blockade von Berlin ("Ich bin ein Berliner"), Martin Luther King in der schwierigen Zeit der Bürgerrechtsbewegung und der Rassenunruhen ("Ich habe einen Traum"). Von ihren Anhängern geliebt, von ihren Feinden gehaßt, sind beide letzlich ermordet worden. Ihre charismatischen Persönlichkeiten haben es ihren Anhängern ermöglicht, sich mit ihren Stärken zu identifizieren und die eigenen Wünsche und Hoffnungen auf sie zu projizieren.

Alfred Adler (1870 – 1937) hat diesen Mechanismus, der im Kindesalter eine bedeutende Rolle spielt, (sinngemäß) folgendermaßen beschrieben: Die "schwachen" Kinder haben, im Vergleich mit den Erwachsenen, ein Gefühl der Minderwertigkeit und identifizieren sich daher mit den "starken" Eltern (Vater, Mutter), so daß sie selbst fiktiv Stärke erlangen. Im Erwachsenenalter gibt es eine Parallele, indem anstatt der Eltern charismatische Führer diese Aufgabe übernehmen.

Ein zweifellos charismatischer Politiker, der in diesen Tagen (trotz mehrerer Mordversuche durch den CIA und die Exilkubaner) seinen 73. Geburtstag feierte, ist der kubanische Revolutionär und Präsident Fidel Castro (geb. 1927), vor allem aber sein Kampfgenosse Ernesto („Che") Guevara (1928 – 1967), der wahrend seiner revolutionären Aktivität in Bolivien gefangen genommen und getötet worden ist - seinerzeit beides Heroen der 68er-Studenten-Bewegung. Von den charismatischen Frauen seien hier erwähnt Jeanne d'Arc (1412-1431), Rosa Luxemburg (1871-1919) und Evita Peron (1919-1952).

Charisma: Erlernt oder angeboren?

Wie die Forschungsergebnisse der Sozialpsychologie und Gruppendynamik zeigen, bilden die historische und soziale Situation, die vorgegebene Organisations- und Gruppenstruktur sowie die Erwartung der Geführten (des Gefolges) einen derart komplexen Zusammenhang, daß es niemals die Persönlichkeit des Führers oder Charismatikers allein sein kann, die derartige Phänomene hervorruft.

Der historische und soziale Kontext wurde schon 1920 von Max WEBER beschrieben. Er unterscheidet drei Typen legitimer Herrschaft:

- *Traditionelle Herrschaft (Königtum, Fürstentum):*

Legitimation durch Erbe, Glaube an die Tradition und die durch sie Berufenen.

- *Rationale Herrschaft (Demokratie):*

Legitimation durch Verfassung und Wahl, Glaube an Konstitutionen und das Weisungsrecht der durch sie Berufenen.

- *Charismatische Herrschaft (Demagogie, Volkstribun):*

Legitimation durch Charisma und Faszination, Glaube an die Hingabe, an die Heiligkeit und/oder Heldenkraft des Führers.

Wohl gibt es selten reine Herrschaftsformen wie beispielsweise in Revolutionszeiten, wenn Charismatiker herrschen, auch die reine traditionelle Herrschaft gibt es fast nur mehr in den Feudalstaaten des Nahen Ostens.

Die charismatische Herrschaft, in der die Persönlichkeit des Charismatikers alles überstrahlt, birgt die Gefahr in sich, rasch verbraucht zu werden. Jede charismatische Herrschaft ist letztlich Diktatur. Würde man sie in Frage stellen, wäre das Charisma des Herrschers gefährdet! Eine immer neue Inszenierung von Unsicherheit und "Rettung durch den Führer" ist daher eine Überlebensfrage eines derartigen Regimes, oft bleibt die Flucht gegen einen konstruierten Außenfeind, das heißt in den Krieg, als einziger Ausweg. Dennoch gelingt es doch immer wieder, neu inszenierte Massenauftritte, neue Impulse zu setzen, die mit "dem Schuß" des Süchtigen verglichen werden können. Der Entzug der Macht kann beim Führer tatsächlich zu Entzugserscheinungen führen, die sich in Depressionen und Selbstzerstörung äußern. Die Rhetorik des Charismatiker spielt wohl die zentrale Rolle beim Einfluß auf die Menschen, verflüchtigt sich aber jedes Mal sehr rasch. Im Gegensatz zur Rhetorik ist es die Architektur, die eine charismatische Herrschaft zu stabilisieren hilft und diese auch lange Zeit überdauert (Zucha, 1988; 1995).

Das Phänomen Charisma im Management

Zwei wesentliche Gegebenheiten für das moderne Management führen zu einem eindeutigen Schluß: Wir leben in einer hoch komplexen Welt, in der Spitzenleistungen, die von Gruppen erbracht werden müssen, nicht mehr von einzelnen genau überblickt werden können (der Manager als sein bester eigener Supersachbearbeiter ist eine Karikatur).

Daraus folgt: Wir benötigen heute Manager, die vor allem Teamfähigkeit besitzen. Als "Primus inter pares" benötigt er soziale

Sensitivität, um Prozesse zu erkennen, rhetorische Fähigkeiten, um andere mit Argumenten überzeugen, und auch Stabilität der eigenen Persönlichkeit, um Vertrauen aufbauen zu können. Langjährige Assessment-Center-Erfahrung führt immer auf Anforderungsmerkmale von Führungskräften, die diesen Fähigkeiten entsprechen, zusätzlich ergeben sich für jede Branche, jede Organisation und Aufgabenstellung eigene, spezifische Anforderungen.

Dennoch finden wir im Management Charismatiker, die sich selbst inszenieren und für ihre narzistische Eitelkeit Bürogebäude und Arbeitsräume für ihre Auftritte bauen (vgl. Turnheim, 1996). Sie führen ihre Mitarbeiter nicht mit Hilfe von Sachargumenten, sondern kraft ihrer charismatischen Persönlichkeit. Inwieweit muß ein Manager Charisma haben, um Menschen führen und motivieren zu können?

Mit dem Charisma verhält es sich wie mit dem Suchtmittel, es erzeugt schöne Gefühle, es steigert das Lusterlebnis, dann aber ist der Katzenjammer um so größer. Charismatische Manager haben sehr oft Ruinen hinterlassen. Was wir brauchen, sind Führungspersönlichkeiten, die "Führungsstärke in der Praxis" aufweisen. Führungsstärke bedeutet aber nicht Aggression und Brutalität, sondern Ich-Stärke, das heißt vor allem kritische Vernunft und auch die Bereitschaft zur Selbstkritik. Aggressive Manager sind in Wirklichkeit destruktiv, sie besitzen nicht Führungsstärke, sondern sind unbeherrscht und real gesehen führungsschwach. So sollen auch die militaristischen und diktatorischen Menschenbilder endlich der Vergangenheit angehören, sie sind nichts weiter als Ideologien, falsches Bewußtsein. Die Überprüfung auf deren tatsächliche Effizienz hat stets negative Ergebnisse geliefert.
(Aus verständlichen Gründen wollen wir hier keine Namen von selbstherrlichen "Wirtschaftskapitänen" nennen, die kläglich gescheitert sind und ihre Firma in den Abgrund gezogen haben. Jeder von uns kann mit Sicherheit einige solche "Charismatiker" benennen.)

Unabhängig von der Bewertung des Phänomens Charisma stellen sich folgende Fragen:

1) Sind Charismatiker bzw. Menschen mit herausragender Ausstrahlung in Führungspositionen der Wirtschaft nun im ursprünglichen (theologischen) Sinn "begnadet" - oder kann man Charisma lernen?

2) Zeichnen sich charismatische Führer durch eine besondere persönliche Entwicklung aus?

1.) Sind Charismatiker „begnadet" oder kann Charisma gelernt werden?

Bis zu einem gewissen Grad kann man lernen, sich überzeugend zu geben, Persönlichkeit, Ausstrahlung und Überzeugungskraft sind im Rahmen der eigenen Möglichkeiten trainierbar. Versucht man allerdings, Charisma zu inszenieren - es ist wohl kein Problem, eine Show abzuziehen und gute Effekte zu erzielen - so zeigt schon die Geschichte, daß diese Form der Selbstdarstellung zwar sehr wirkungsvoll sein kann, einem Unternehmen und dessen Mitarbeitern auf Dauer wesentlich mehr schadet als nützt.

Die Voraussetzung für Führungsstärke ist – wie alle bisherigen relevanten Befunde aufzeigen - immer Selbsterkenntnis und Selbstentwicklung (somit auch Selbstbeherrschung) der eigenen Persönlichkeit der Führungskräfte.

Der große Pädagoge Jan Amos Comenius (Komensky, 1592-1670) meint dazu in seiner Didactica magna: *"Nur der, der seine Triebwelt beherrscht, soll über andere Menschen herrschen"*
Der analytische Sozialpsychologe Erich Fromm (1900-1980) ergänzt: *"In dem Maße, wie der Mensch die äußere Natur planvoll und vernünftig beherrschen lernt, wächst sein Ich und damit die Fähigkeit, seine Triebwelt statt durch Verdrängung mit Hilfe dieses erstarkten Ichs zu leiten"* (FROMM 1936).

Das von uns vertretene Konzept der humanistischen Sozialpsychologie bezüglich *„Führungsstärke“* bzw. *„Ich-Stärke“* geht von der Selbsterkenntnis und Selbstentwicklung (somit auch Selbstbeherrschung) der Managerpersönlichkeit aus. Führungsstärke bzw. Ich-Stärke ist demnach die Voraussetzung, Entscheidungen verantwortungsvoll und vernünftig herbeiführen zu können, um zum Wohl der anvertrauten Menschen und Werte optimal beitragen zu können (Zucha, 1995). Ich-schwache Manager (sogenannte „Verwalter“) brauchen bürokratische Organisationen und autokratische Verfassungen. Autokratische Manager sind aber nicht ich-stark, sondern ich-schwach. In Symbiose leben sie dann, wenn sie sich mit Mitarbeitern umgeben die keine Selbständigkeit entwickeln konnten und somit selbst ich-schwach sind.

ad 2.) Zeichnen sich charismatische Führer durch eine besondere persönliche Entwicklung aus?

Abraham Zaleznik (1990), der neben seiner Hochschullehrtätigkeit sich auch als Psychoanalytiker betätigt, unterscheidet zwischen Persönlichkeiten von (bürokratischen) Managern und (charismatischen) Führern. Dieser Unterschied sei auf differente (bei Führern oft traumatische) persönliche Entwicklungen zurückzuführen:

"They differ in what they attend to and in how they think, work, and interact. Above all, managers and leaders have different personalities and experience different developmental paths from childhoood to adulthood."

"...that leaders grow through mastering painful conflict during their developmental years, while managers confront few of the experiences that generally cause people to turn inward. Managers perceive life as a steady progression of positive events, resulting in security at home, in school, in the community, and at work. Leaders are 'twice born' individuals who endure major events that lead to a sense of separateness, or perhaps estrangement, from their environments" (Zaleznik, 1990, S.4).

Die ich-schwache (schweigsame, unmündige, manipulierte) Masse (Gefolge)

"Christus hat die Menschen überschätzt, klagt der Großinquisitor. Indem er ihnen Gewissensfreiheit zubilligte, verlangte er zuviel von ihnen. Die Menschen sind schwache, erbärmliche Kreaturen, die Brot und Spiele der Freiheit vorziehen. Die Freiheit, zwischen Gut und Böse zu wählen, überfordert den Durchschnittsmenschen nur. Daher sehnt er jemand herbei, der ihm diese Freiheit abnehmen, die Verantwortung für seine Sünden übernehmen und ihm Brot geben kann"
(Dostojevskij "Brüder Karamasow", zit. nach Kjetsaa, 1992, S. 412)

Das ich-schwache Gefolge ruft nach charismatischen und autoritären Führern. Denn bei Menschen ohne Ich-Stärke ruft die menschliche Freiheit, Entscheidungen treffen und Verantwortung tragen zu können, Ängste hervor.

Erich Fromm (1966) zeigte folgende Fluchtwege und Fluchtmechanismen bei ich-schwachen Menschen auf:

- *Flucht ins Autoritäre*
- *Flucht ins Destruktive*
- *Flucht ins Konformistische*

Ich-Stärke und Ich-Schwäche ("Gestalten des Willens" nach Herbart) sind aber immer das Ergebnis der Erziehung und Selbsterziehung (Selbsterkenntnis) des Menschen.

Schlußfolgerungen

Die Chance in der Gegenwart und viel mehr in der Zukunft liegt in der systematischen Entwicklung des Humanpotentials einer Organisation, und zwar sowohl der Führungskräfte als auch der Mitarbeiter. Ungenützte Humanressourcen einer Organisation können mit einem Segelboot verglichen werden, das die Windressourcen nicht entsprechend ausnützt.

Albert Einstein antwortete auf die Frage, was das Geheimnis seines Erfolgs sei: *"Neunzig Prozent Transpiration und nur zehn Prozent Inspiration"*. Wir fordern daher nicht mehr Charisma, sondern mehr systematische Entwicklung des Humankapitals mit dem Ziel, Ich-Stärke bei den Führungskräften und ihren Mitarbeitern zu entwickeln und zu fördern.

Literatur:

Abkürzung ZSG: Zeitschrift für Sozialpsychologie und Gruppendynamik in Wirtschaft und Gesellschaft, ISSN 0254-928 X.
BETTELHEIM Bruno, Aufstand gegen die Masse, Kindler, München 1980
DRUCKER Peter, Management: Tasks, responsibilities, and practices. New York 1974
FROMM Erich, Studien über Autorität und Familie, Paris 1936 (GW., Bd I, Stuttgart 1980)
FROMM Erich, Die Furcht vor der Freiheit, Frankfurt 1966 (Escape from Freedom, New York 1941)
KJETSAA Geir, Dostojevskij, Wiesbaden 1992
LE BON Gustav, La psychologie des foules, 1895 (45. Aufl. 1953), dt. Psychologie der Massen, 1908 (14.Aufl. 1973)
MERESCHKOWSKIJ Dimitri, Leonardo da Vinci, Berlin 1935
PATTERSON James G., Fundamentals of Leadership, Alexandria 1995
SCHUMPETER Joseph, Theory of Economic Development, Cambridge, Mass. 1934
SENGE Peter, The Fifth Discipline, New York 1990
SENGE Peter, The Fifth Discipline Fieldbok, New York 1994
STAEHLE Wolfgang H., Der Leader als Retter in der Not?, In: io Management Zeitschrift, 60,4, S.57-58, Zürich 1991
TURNHEIM Georg, Eitelkeit im Management, in ZSG Jg. 21/Heft 3, 1996
ULICH Eberhard, Arbeitspsychologie, Zürich/Stuttgart 1992 2
WEBER Max, Wirtschaft und Gesellschaft, 1921 (5.Aufl. 1976)
ZALEZNIK Abraham, The Managerial Mystique, New York 1990
ZALEZNIK Abraham, Managers and Leaders. Are They Different? Harvard Business Review, March/April 1992, pp. 126-135
ZUCHA Rudolf O., Architektur und Herrschaft, in: ZSG., Jg.13/H 3, Wien 1988, S.3-26.
ZUCHA Rudolf O., Führungsstärke in der Praxis - Leadership, Organisation, Kultur, WUV Universitätsverlag (Vienna University Press), Wien 1995 (Tschechische Übersetzung im Verlag Management Press, Praha 1993)

Assessement Center Verfahren (AC) zur Potentialerhebung von Führungskräften

Rudolf O. Zucha

Beim Assessment-Center (AC) handelt es sich um ein wissenschaftlich fundiertes, diagnostisches Beurteilungssystem, in dem mehrere Bewerber über mehrere Tage lang mit Hilfe erprobter Verfahren (insbesondere Situations-Simulationen und psychologischen Papier-Bleistift-Tests) untersucht und dabei von mehreren geschulten Beurteilern hinsichtlich ihrer Eignung für bestimmte Positionen (meist Führungspositionen) beurteilt werden.

Im „Dorsch-Psychologisches Wörterbuch" (1988) ist ein Assessment-Center (AC) eine „arbeits- und organisationspsychologische Methode zur Personalauswahl und Personalentwicklung, in der die zu Beurteilenden für die Tätigkeit möglichst praxisnah zusammengestellte Arbeitsproben (sogenannte Übungen) durchzuführen haben..."

Während in der herkömlichen psychologischen Eignungsdiagnostik, die auf der Grundlage der klassischen Testtheorie beruht, explizit oder implizit (Situationen) überdauernde Persönlichkeitsmerkmale angenommen werden (Eigenschaftstheorie), wird beim AC vor allem die dynamische Interaktion zwischen der Person (dem Bewerber) und der stimulierten Situation (situative Übungen) untersucht (Situationstheorie).
Mit Hilfe des AC sollen Personalentscheidungen bei der Auswahl und Plazierung sowie bei der Entwicklung und Förderung (Förder Assessment) optimiert und Fehlentscheidungen minimiert werden. Mit Hilfe des Förder Assessments das vorhandene "Managementpotential" einer Organisation identifiziert und beurteilt werden (Potentialanalyse), Stärken und Schwächen sowie förderungsbedürftige Bereiche aufgezeigt werden, Entwicklungs- und Trainingsnotwendigkeiten herausgefunden und letzlich durch Beratung und Förderung der AC Absolventen langfristige Entwicklungen des Führungskräftepotentials (Kaderentwicklung) eingeleitet werden.

Die wichtigsten Beurteilungsverfahren

(schriftlich und mündlich, Einzel und in Gruppen) eines 2 - 3 Tage dauernden Assessment Centers, an dem etwa 10 Kandidaten und 10 Beurteiler teilnehmen, sind

- *Die Postkorbübung*: Diese schriftliche Einzelübung wurde von Fredericksen (1957) entwickelt (vgl. Hanslik et al. 1991) und kommt fast in allen AC-Verfahren vor. Der Kandidat muß unter Zeitdruck 20-40 Dokumente (=Posteingang) durcharbeiten und Anweisungen zu ihrer Erledigung oder Rückstellung geben, da ihn eine unvorhergesehene, äußerst wichtige und unaufschiebbare Verpflichtung zwingt, den Arbeitsplatz für einige Zeit zu verlassen (unaufschiebbare Auslandsreise ohne Kommunikations-möglichkeit). Der Kandidat soll so geprüft werden, wie gut er Probleme identifizieren, Prioritäten setzen, Teilprobleme gewichten, Entscheidungen treffen und Aufgaben delegieren kann.

- *Die Problemlösungsaufgaben:* Der Kandidat wird mit einem, in einer Organisation aufgetretenen Problem konfrontiert und aufgefordert, einen schriftlichen Lösungsvorschlag (etwa in der Form eines Gutachtens) auszuarbeiten (Harvard Methode). Der Kandidat soll so auf seine Fähigkeit untersucht werden, wie gut er komplexe Sachverhalte überblicken und schriftlich kommunizieren kann.

- *Die vorbereitete Rede*: Der Kandidat muß eine kurze freie Ansprache zu einem vorgegeben oder frei gewählten Thema halten. Es handelt sich dabei um eine sehr alte Methode der Bewerberbeurteilung. Beurteilt wird die Fähigkeit des Kandidaten, andere zu überzeugen und mündlich zu kommunizieren.

- *Die interaktive Übung (das Rollenspiel):* Der Kandidat muß mit einem der Beurteiler ein Gespräch führen, in welchem der Beurteiler eine ganz bestimmte Rolle übernimmt (etwa:

- unzufriedener Kunde, leistungsschwacher Mitarbeiter u.a.). Beurteilt wird die Fähigkeit des Kandidaten, sich in andere einfühlen zu können und soziale Streßlagen zu bewältigen.

- *Die führerlose Gruppendiskussion:* Der Gruppe von Bewerbern wird ein unternehmensbezogenes Problem vorgestellt. Ihre Aufgabe ist es, "führerlos" zu einer gemeinsamen Lösung und Entscheidung zu kommen. Die Teilnehmer der Gruppendiskussion haben entweder eine uniforme Rolle (d.h keine Rollenzuteilung) oder eine zugeteilte Rolle zu spielen. Die führerlose Gruppendiskussion ist bereits in der Offiziersauslese der deutschen Reichswehr in den Dreißiger Jahren zu finden. Es handelt sich dabei um einen ganzheitlichen, gruppendynamischen Ansatz, der von der Gestaltpsychologie der Berliner Schule beienflußt ist. (Im Gegensatz dazu steht der analytischen Ansatz der Psychotechnik von Münsterberg, in dem einzelne, klar operationalisierte Leistungen geprüft worden sind). Der Kandidat soll auf seine Sensitivität in Gruppensituationen beurteilt werden und inwieweit es ihm gelingt eine Führungsstellung innerhalb der Gruppe zu erlangen, Konflikte zu lösen und Vertrauen zu erlangen.

- *Die übrigen AC Verfahren:* Interviews, biographische Fragebögen, Leistungs- und Intelligenztests, projektive Testverfahren, Einstellungsskalen, Wissenstests (z.B. betriebswirtschaftlicher oder technischer Natur), spezifische Arbeitsproben etc.

Die Auswahl und/oder die Entwicklung der angewendeten AC Verfahren richtet sich nach den zu diesem Zwecke erstellten Anforderungsprofil. Da das Anforderungsprofil als Basis für die Auswahl und/oder Entwicklung der AC-Verfahren dient, ist hierfür höchste Professionalität erforderlich.

Die historischen Wurzeln

Die historischen Wurzeln des AC liegen zwar in der Heerespsychologie der 1. Deutschen (Weimarer) Republik, es hat aber - bedingt durch eine Unterbrechung zur Zeit des Hitlerregims - erst wieder via England und USA (modifiziert und verbessert) den Weg zurück nach Europa gefunden.

Das 1920 von Johann Rieffert eingerichtete Psychotechnische Laboratorium des Reichswehrministerium in Berlin (zur Eignungsprüfung von Kraftfahrern und Funkern) ist seit 1927 für die Eignungsprüfung von Offiziersanwärtern erweitert, 1938 als "Hauptstelle der Wehrmacht für Psychologie und Rassenkunde" unbenannt und 1942 aus ideologischen Gründen aufgelöst worden.

Die angewandten Prüfverfahren hatten bereits alle wesentlichen Merkmale des AC-Ansatzes: Prüfung in Gruppen durch Gruppen, Methodenvielfalt und situative Elemente.

Der frühere englische Militärattaché in Berlin Andrew Thorne veranlaßte die Erprobung des Ausleseverfahrens an der Royal Air Force Offiziersschule in Edinburgh mit dem Erfolg, daß die War Office Selection Boards (WOSB) 1942 gegründet worden ist, und alle Offiziersanwärter von nun an nach dem gleichen Prinzip geprüft worden sind.

Für die Entwicklung des AC in den USA ist die Anwendung des Verfahrens durch das Office of Strategic Services (OSS) von Bedeutung. Der Psychologe H. A. Murray von der Harvard University konnte die positiven Erfahrungen in Deutschland und England entsprechend würdigen, sodaß die bisherige unwissenschaftliche Auswahl von Geheimdienstagenten fallen gelassen worden ist, und das systematische Beurteilungsystem, nunmehr "Assessment Center" (AC) genannt, obligat eingeführt worden ist.

Der Durchbruch des Gruppenauswahlverfahrens in der Wirtschaft kam nach dem 2. Weltkrieg. durch die "Management Progress

Study" zustande, indem bei der Fa. AT & T eine wissenschaftliche Langzeitstudie durchgeführt worden ist (1956 - 1966), welche den Nutzen der AC-Anwendung als äußerst erfolgversprechend erkennen ließ (IBM, New England-Bell Company, Michigan-Bell folgten).

Das Assessment-Center hat sich in den folgenden Jahren in den größeren Unternehmen der Wirtschaft und Verwaltung sowohl in den USA als auch in Europa durchgesetzt.

Der Phasenablauf eines Assessment-Center-Verfahren
("Förder-Assessment", 1991 - 1993 bei der Österreichischen Bergbau-holding und der Austria Metall mit über 200 Führungskräften; vgl. Zucha, 1995, S. 22):

1. Analyse und Vorbereitungsphase

- 1.1 Erhebung, Analyse und Definition der Anforderungen an die Führungskräfte (Zielpositionen)
- 1.2 Gewichtung der Anforderungsmerkmale, der Beurteilungs-kriterien und Erstellung eines oder mehrer Sollprofile
- 1.3 Auswahl der Testverfahren ("Papier-Bleistift-Tests") und der situativen Übungen aufgrund der in den Schritten 1 und 2 erhobenen Anforderungsmerkmale

2. Durchführungs- und Beobachtungsphase

- 2.1 Erstellung der Unterlagen
- 2.2 Einführung der Beobachter (Assessorentraining)
- 2.3 Veranstaltung der AC-Verfahren mit je 10 Personen und 2-4 internen Assessoren (Beobachtern) und 3 externen Beobachtern (Beurteilern)

- **3. Evaluation und Nachbetreuungsphase**
- 3.1 Erstellung der graphischen Ergebnisprofile mit Stärken und Schwächen für die Organisation und die Teilnehmer (Kandidaten)
- 3.2 Beratungsgespräche (Feed-Back-Gespräche) mit jedem einzelnen Teilnehmer (Kandidaten)
- 3.3 Beratung des Auftraggebers über weitere Fördermaßnahmen (Training und Development)

Die Effizienz der AC-Verfahren:
Die prognostische Validität wird in den meisten Gültigkeitsstudien mit den Korrelationskoeffizienten zwischen .40 und .70 angegeben (vgl. Rosenstiel et al., 1995, S. 268 f.). So wurde empirisch ermittelt, ob die Beurteilungen der AC-Teilnehmer zum Zeitpunkt der Untersuchung die künftige Bewährung angemessen vorhersagen. Diese künftige Bewährung wird am häufigsten am Kriterium der Karriere (z.B. hierarchischer Aufstieg in einer bestimmten Zeit bzw. Gehaltsentwicklung), aber auch der Beurteilung durch Vorgesetzte und gelegentlich an harten Leistungskriterien festgemacht.

Somit ist die prognostische Validität des AC als befriedigend anzusehen, jedenfalls allen anderen vergleichbaren diagnostischen Verfahren überlegen. Zu bedenken ist aber, daß durch Bekannwerden der AC-Ergebnisse die Karriere eines AC-Teilnehmers im Sinne einer "self fulfilling prophecy" beeinflußt werden kann. Es ist daher das AC-Verfahren schon als organisationskulturfestigender Mythos kritisiert worden (vgl. Neuberger,1989).

Aufgrund der bisherigen Ergebnisse sind wir der dennoch der Ansicht, daß die AC-Methode anderen Methoden pkto. Objektivität, Reliabilität und Validität weit überlegen ist. Die hohen Kosten einer AC-Entwicklung und Durchführung sind demnach gerechtfertigt, bedenkt man, daß

1. *Die meisten Personalentscheidungen schwerwiegende menschliche und wirtschaftliche Konsequenzen haben;*

2. *Das Erkennen und Fördern von "High Potentials" einer Organisation zu den wichtigsten Führungsaufgaben der obersten Ebene gehört und im globalen Wettbewerb letzlich entscheidend sein wird;*
3. *Die Anforderungsprofile von Führungskräften beträchtliche Unterschiede je nach Tätigkeitsfeld (z.B. Produktion vs.*

Verkauf) aufweisen, und daher die richtige Positionierung erkannt werden muß;

4. *Die Personalfluktuation durch die richtige Wahlentscheidung bei der Optimierung der Personalauswahl, -förderung und dem Einsatz herabgsetzt werden kann;*

5. *Die Führungskräfte die eigenen Stärken und Schwächen kennenlernen sollen, um entsprechend im Sinne des "Life-long-learning" entsprechende Bildungsmaßnahmen planen zu können;*

6. *Von jedem AC, an dem sich möglichst das obere Management beteiligen soll, Impulse in Richtung der "Learning Organization" ausgehen.*

Literatur

CAMPBELL, J., Ed. (1988), Productivity in Organizations. New Perspectives from Industrial and Organizational Psychology, Jossey-Bass Publishers, San Francisco
COELIUS, C. (1993), Fit fürs Assessment Center, CC-Verlag, Hamburg.
DORSCH, Psychologisches Worterbuch (1998), Verlag Hans Huber, Bern.
HANSLIK, A., KOLLER W (1991). Die historischen Wurzeln des Assessment-Centers und seine praktische Bedeutung heute. Zeitschrift für Sozialpsychologie und Gruppendynamik, 16, 1, S.19-44.
JESERICH, W. (1981), Mitarbeiter auswählen und fördern. Assessment-Center-Verfahren. Carl Hanser Verlag, München/Wien.
LATTMANN, C., Hrsg. (1989), Das AC-Verfahren als Mittel zur Eignungsbeurteilung, Physika-Verlag, Heidelberg
NEUBERGER O. (1989). AC - Ein Handel mit Illusionen. In: LATTMANN C. (1989), Das AC-Verfahren als Mittel zur Eignungsbeurteilung, Physika-Verlag, Heidelberg
ROSENSTIEL L., MOLT W., RUTTINGER B. (1995, 8. Aufl.). Organisationspsychologie. Verlag W. Kohlhammer. Stuttgart, Berlin, Köln. S. 268 - 272.
TRINK Nicola (1999), Das Assessment-Center. .Zeitschrift für Sozialpsychologie und Gruppendynamik, 24, 2, S. 17 – 30
ZUCHA, R. O. (1995), Die Methodik und Gestaltung der Führungskräfte-entwicklung Psychologie in Österreich, 15, 1, S. 19 – 23
ZUCHA, R. O. (1997), Assessment Center im Hotelmanagement. In: Zeitschrift fur Sozialpsychologie und Gruppendynamik, 22, 2.

Weitere Literatur

BÜHLER Ch., ALLEN M., Einfü. in die humanistische Psychologie, Stuttgart 1974
COHN R.C., Von der Psychoanalyse zur Themenzentrierten Interaktion. Verlag Klett-Cotta, Stuttgart 1981 (5.Auflage)
EUNSON B., Betriebspsychologie, Hamburg 1990
FROMM E., Die Furcht vor der Freiheit, Frankfurt 1966
GUTTMANN G., Vererbung von Begabungen, in ZUCHA R.O. (Hrsg.), Pädagogische Psychologie - kritische Beiträge, Wien, München, Zürich 1979
HOFSTEDE G., Multicultural Management, in Z.f.Sozialpsychologie und Gruppendynamik (ZSG), 14.Jg./Heft 2, Wien 1989
KEMPF W., Soziale Motivation und Persönlichkeitsentwicklung - zur Sozialpsychologie der Konsum- und Werbegesellschaft, in Z.f.Sozialpsychologie und Gruppendynamik (ZSG), Jg.7, Heft 2 1982, S.3-15
KLIMA V., Der "Humanfaktor" in der Wirtschaft, in Z.f.Sozialpsychologie und Gruppendynamik (ZSG), 15.Jg /Heft 3, Wien 1990
LUFT J., Einführung in die Gruppendynamik, Stuttgart 1973
MAYER F., Kunst als gesellschaftliche Herausforderung, in. ZUCHA R.O (Hrsg.), Pädagogische Psychologie - kritische Beiträge, Wien, München, Zürich 1979
MUMFORD L., Mythos der Maschine, Kultur, Technik und Macht, Wien 1974
NAISBITT J., ABURDENE P., Megatrends des Arbeitsplatzes, Heyne Verlag, München 1986
NEUBERGER O., Theorien der Arbeitszufriedenheit, Stuttgart 1974
PORTER E., Anmerkungen zur Entwicklung der Theorie über die Bewußtheit von Beziehungen, ZSG, 1/1983, Wien
ROGERS C., Die Grundlagen des Personenzentrierten Ansatzes, in Z.f.Sozialpsychologie und Gruppendynamik, Jg.6, Heft 2, Wien 1981, S.4-16
SCHLICK S.D., Der Kranke als Opfer? Soziale Innovation im Krankenhaus, Wien 1981
TAUSCH R., Klientzentrierte multimodale Psychotherapie, in Z.f.Sozialpsychologie und Gruppendynamik (ZSG), 15.Jg./Heft 3, Wien 1990
TAUSCH A.M , TAUSCH R., Gesprächspsychotherapie, Göttingen 1979 (7.Aufl.)
WATZLAWICK P. et al., Menschliche Kommunikation, Bern 1972
WEBER M., Wirtschaft und Gesellschaft, Grundriß der verstehenden Soziologie, Köln, Berlin 1964 (1.Ausgabe Tübingen 1922)
ZUCHA R.O. (Hrsg unter Mitarbeit von MAYER F., TAUSCH R., KUTALEK N., GEHMACHER E., PEPPER H , ADAM E., STRAUCH G., NOWOTNY H., GUTTMANN G., VÖLKL F.), Pädagogische Psychologie - kritische Beiträge, Wien, München, Zürich 1979
ZUCHA R.O, SCHLICK S.D., Rede- und Verhandlungstraining, in Z.f.Sozialpsychologie und Gruppendynamik, 8.Jg./Heft 2, Wien 1983
ZUCHA R.O., Sozialpsychologie des Unterrichts, UTB 1005, Paderborn 1980
- ders., Sozialanthropologie und Globalisierung (Horst Seidler zum 50. Geburtstag gewidmet) in. ZSG, 19. Jg./Heft 2, Wien 1994, S. 31 - 52.

Unternehmerischer Erfolg?

Sigrun D. Schlick [1)]

Jeder von Ihnen könnte an die drei Referate (meiner Vorredner) *seine Erfolgsstory* anschließen. Vielleicht erwarten Sie auch von mir einen Bericht über beeindruckende Umsatzsteigerungen, über die Entwicklung eines erfolgreichen Produktes oder die kreative Filettierung eines Milliardenunternehmens - häufig als Sanierung bezeichnet.

Ich frage mich heute abend, ob wir unter Erfolg auch dasselbe verstehen. Die Rede ist vom unternehmerischen Erfolg. Also sollte mir eine einschlägige Publikation, z.B. das Wirtschaftsmagazin *Trend*, weiterhelfen. Jedes Jahr wird der Mann oder die Frau des Jahres erkoren. Personen des öffentlichen Lebens, aus Wirtschaft und Gesellschaft, die besonders erfolgreich waren. In der Jännerausgabe des *Trend* wird Hellmut Longin, 2,5% Aktionär der *Radex-Heraklith-Gruppe*, gefeiert.

Die Zeitschriften *Wirtschaftswoche* und *News* zeichnen (meinen Vorredner) Dipl. Ing. TENGG mit ähnlichen Titeln aus. Seine Ausführungen über sein erfolgreiches Wirken für den *Konsum Österreich* haben wir soeben gehört.
Was den unternehmerischen Erfolg der beiden Unternehmen betrifft, so unterscheiden sich die Bilder in den Kategorien Umsatz, Gewinn und Mitarbeiterentwicklung wahrscheinlich sehr deutlich.

Ich schaue über die Grenzen und entdecke im US amerikanischen *Business Week* die Geschichte über die 25 Top Manager des Jahres 1995, und, warum sie das geworden sind. *Business Week* fragte ihre 220 Chefredakteure rund um den Globus nach den Firmen mit hervorragenden Finanzdaten - in erster Linie Umsatz und Gewinn - und: Wer hat den besten analytischen Geist?

---

1)Vortrag im Rahmen einer Management-Tagung

Das Ergebnis wird Sie interessieren:

Kriterium für "Erfolg": 20 - 40%ige Steigerungsraten an Umsatz und/oder Gewinn und "best analytical mind" –

fette Schrift europäische Top Manager des Jahres,
kursive Schrift weibliche Top Manager des Jahres.

The Top Managers of 1995
(aus Business Week January 8, 1996)

Robert Ayling	**British Airways**
Mike Armstrong	Hughes Electronics
Ana Botin	***Banco Santander***
Casey Cowell	US Robotics
George David	United Technologies
Michael Eisner	Walt Disney
George Fisher	Kodak
William and Victor Fung	Li & Fung
Andrew Grove	Intel
Gerald Greenwald	United Airlines
Ralph Larsen	Johnson &Johnson
Jan Leschly	Smith Kline Beecham
John Mack	Morgan Stanley
Arthur Martinez	Sears Robuck
Scott McNealy	Sun Microsystems
Paul O`Neill	Alcoa
Bernd Pischetsrieder	**BMW**
Lew Platt and R. Belluzzo	HP
Alain Prestat	Thomson Multimedia
Jean-Pierre Rosso	Case
Tadashi Sekizawa	Fujitsu
Stan Shih	Acer
William Siart	First Interstate Bank
William Steere	Pfizer
Patti Stonesifer	*Microsoft*

Das alles macht mich nachdenklich und ich denke weiter: Gibt es verbindliche Kriterien für den unternehmerischen Erfolg?
Ja, was macht den Erfolg wirklich aus?

Was beschreibt z.B. einen erfolgreichen Bundeskanzler?
Wenn die Staatsschulden zunehmen aber auch der Wohlstand für alle? Oder wenn sie kleiner werden, die Zahl der Armen aber steigt?

Was einen erfolgreichen Papst?
Wenn er an alten Werten festhält und die Geburtenkontrolle verdammt, wodurch der Anteil an Analphabeten und Hungernden zunimmt?
Oder alte Werte verläßt und zu einer vernünftigen Größe der Weltbevölkerung beiträgt?

War Vincent van Gogh ein erfolgreicher Maler?
Zeit seines Lebens hat er kein Bild verkauft. Heute werden für seine Werke zweistellige Millionenbeträge bezahlt.

Es wird immer deutlicher: Immer wenn wir *Erfolg* sagen, sagen wir etwas über unsere Werte aus. Darüber, was uns wichtig ist, was wir für richtig halten und darüber, was uns weniger wichtig ist oder wir für unrichtig halten. Wir beziehen demnach Stellung. Wir ergreifen Partei. Auch wenn wir vom unternehmerischen Erfolg reden, ergreifen wir Partei: nämlich die Partei der Kapitaleigner.

Das leuchtet schnell ein, wenn in der Geschichte über den Mann des Jahres im *Trend* als Erfolg bezeichnet wird, daß *"Leichen seinen Weg pflastern"* - und das ist ein wörtliches Zitat.

In diesem Bild ist der Mensch nicht Ziel und Zweck des Wirtschaftens sondern Kostenfaktor. Ich halte diese Sicht nicht nur für menschen-verachtend, sondern auch für existenzgefährdend für das Unternehmen. Das möchte ich begründen:

Die westliche Gesellschaft befindet sich in der Übergangsphase von der kapitalistischen zur postkapitalistischen Gesellschaft. Von Peter Drucker, dem in Wien geborenen Philosophen und Management-Denker wird das, was danach kommt, als *Knowledge Society* bezeichnet.

Die klassischen Produktionsfaktoren der Betriebswirtschafter: Arbeit, Kapital, Grund und Boden sowie der "dispositive Faktor", womit das Management gemeint ist, haben in der Form ihre entscheidende Bedeutung verloren.

Was in der *Knowledge Society* vorrangig zählen wird, wird der fachlich und persönlich gebildete und ausgebildete Mitarbeiter sein. In zukunftsfähigen Unternehmen gibt es dafür auch schon Anzeichen.

"Alle guten Ideen scheitern an den Menschen", meinte Bert Brecht. Und damit komme ich zu meiner Definition von Erfolg:

Erfolg ist die Realisierung eines lohnenswerten Zieles. Der Erfolg erfolgt auf mir wertes Tun. Er stellt sich sozusagen von selbst ein auf Verhalten und Handlungen, die mir wert sind.
Selbstverständlich muß sich diese subjektive, individuelle Definition gefallen lassen, von der Gesellschaft hinterfragt zu werden.
Für mich bedeutet das, Menschen und Organisationen bei ihrer Entwicklung zu begleiten.

Für die meisten Manager und Unternehmer ist das lohnenswerte Ziel das funktionierende, produktive und profitable Unternehmen. Der gebildete und ausgebildete Mensch ein Mittel dorthin.

Für den Intellektuellen und Humanisten ist das funktionierende, produktive und profitable Unternehmen das Instrument, in dem sich der gebildete Mensch erfahren und weiterentwickeln kann.
Beide, Manager und Humanisten, brauchen einander. Wenn sie sich in der Waage halten, werden beide Erfolg in ihrem Sinne haben.

Was ist nun mein größter unternehmerischer Erfolg? - werden Sie fragen.

Als ich begann, dieser Frage nachzugehen, wurde mir immer klarer, daß ich immer dann erfolgreich war, wenn ich Dinge getan habe, die ich gerne mache. Dinge, die unmittelbar mit mir als Person zu tun haben.
Auf der Suche nach diesem roten Faden war ich mitten in der Frage: wer bin ich denn eigentlich? Was ist meine Identität?

Jeder von uns trägt eine Reihe von Identitätsausweisen bei sich: Reisepaß, Führerschein, American Express, Diners, Visa, Eurocard, Frequent flyer cards, Copy card, Fancy golf club card, ARBÖ oder ÖAMTC card etc. Der Blick in meine Brieftasche mit den Plastikkarten hat mich der Antwort nicht näher gebracht.

Zweiter Versuch: Ich krame in meiner Kindheit. Welche Ereignisse aus meinen frühen Jahren kommen mir in den Sinn, bei denen ich mich besonders gut gefühlt habe? Als ich vielleicht so etwas wie Erfolg erlebte?

Ich darf Sie einladen, mit mir ein paar dieser Erlebnisse zu teilen, aus denen ich Muster für späteren Erfolg erkannt habe.

1.) Ich war 4, 5 und 6 Jahre alt, als ich im Kindergarten zum Jahres-Abschlußfest auf der Bühne stand; Gedichte aufsagte und in Theaterstücken Rollen übernahm. *"Das machst Du, Sigrun, weil Du nicht steckenbleibst"*, sagte die Tante. Immer wieder hab ich professionell auf Bühnen gestanden, manchmal, so wie heute, hat das Publikum mein Herz auch schneller schlagen lassen - aber steckengeblieben bin ich nicht.

2.) Mehrere Anlässe fielen mir ein, bei denen ich Partei für den Schwächeren ergriff, mich mit Lehrern anlegte, wenn mein Gerechtigkeitsgefühl verletzte wurde:

... die Tochter einer Wäscherin, die immer beschuldigt wurde wenn irgendetwas irgendjemandem fehlte ...
... der uneheliche Sohn der Zeitungsausträgerin, der im Zweifel schlechter beurteilt wurde ...
... der Bub eines Busfahrers, der von der Schule hätte verwiesen werden sollen, weil er seine Initialen in den Kaktus geschnitten hatte, der die Schuleingangshalle zierte.
Immer wieder wurde ich zur Klassensprecherin gewählt.

Aus dieser Kindheitsgeschichte ist meine spätere Tätigkeit als Betriebsratsvorsitzende bei IBM ROECE, ja wahrscheinlich auch meine politische Tätigkeit als Abgeordnete zum Wiener Landtag zu erkennen. Meine Erfolgserwartung in der politischen Tätigkeit mußte ich allerdings - wie es auch mit Wirtschaftsprognosen geschieht - mehrmals nach unten korrigieren.

3.) In meiner Heimatstadt in Kärnten gab es einen rührigen Ski-Club. Während meiner gesamten Schulzeit habe ich die Einladungsbriefe zu Veranstaltungen "hand delivered", also persönlich zugestellt und dafür das Postporto erhalten. Wenn mir dann in der Mittelschule die Zeit dafür häufig fehlte, habe ich delegiert und Nachbarskinder motiviert, die Arbeit gegen Subhonorar für mich zu erledigen. Ich habe mich gefreut, wenn alle für mich arbeiten wollten, wenn die Einladungen tatsächlich angekommen sind und die Ski-Club Veranstaltungen gut besucht waren.
Ich habe ein Gefühl von Erfolg erlebt.

Nun bin ich seit 1983, mehr als ein Dutzend Jahre, auf dem Markt der Management Aus- und Weiterbildung unternehmerisch tätig. Dieser Markt ist in Österreich von Wettbewerbsverzerrungen gekennzeichnet. Denn einerseits intervenieren subventionierte Institutionen - wie BFI, WIFI, Hernstein, Universitäten u.a. - andererseits stehen Anbieter im Wettbewerb, die als Staatsdiener ihr sicheres Einkommen haben.
Wie man unter schwierigen Bedingungen selbständig bestehen kann, das habe ich früh üben können.

An dieser Stelle möchte ich dem Veranstalter dieser Tagung zum erfolgreichen Wirken in dieser Branche ganz herzlich gratulieren. Der Geschäftsführerin, Frau Dr. Susanne Burgstaller und ihrem Team gehört meine besondere Bewunderung.

Ich fasse für mich zusammen:

Erfolg ist für mich höchst subjektiv. Die Beurteilung durch die Gesellschaft muß ich mir aber gefallen lassen.
Ich habe mich zeitlebens davor gehütet, meinen Erfolg von anderen definieren zu lassen. Ich war nicht bereit, mich, meine Person eines solchen Erfolges willen aufzugeben. Ich habe mich bemüht, meinen Ansprüchen treu zu bleiben.

Vielleicht kommt es Ihnen moralisierend vor. Ich befinde mich jedenfalls in guter Gesellschaft. Denn Immanuel Kant schreibt:

> *"Das wichtigste im Leben ist zu wissen,*
> *was es braucht, ein Mensch zu sein."*

Ich durfte Ihnen meine Vorstellung von Erfolg darlegen. Ob ich auch in Ihrem Sinne erfolgreich war, darf ich Ihrem Wohlwollen überlassen.

Die lernende Organisationen – ein Idealbild des zukunftsfähigen Unternehmens?

Sigrun D. Schlick [1])

1. Rahmenbedingungen wirtschaftlichen Handelns

Ist die lernende Organisation wieder eine Mode? Oder ist sie eine Antwort auf Wandel und Komplexität, die zwei wichtigsten Rahmenbedingungen wirtschaftlichen Handelns in der Gegenwart? Alles Lebendige ist ständigen Veränderungen unterworfen: wir, die Bäume auf dem Kärntner Ring, die Menschheitsgeschichte – nichts Lebendiges steht still. Zu jeder Zeit war die Geschichte der Menschheit eine Abfolge von Veränderungen.

Warum also, werden Sie sich fragen, ist das Thema Wandel besonders in den letzten 10 Jahren zum Kernthema der Organisations- und Managementlehre geworden? Was in erster Linie anders geworden ist, ist das Tempo der Veränderungen. Lassen Sie mich das an einigen Beispielen illustrieren:

Setzen wir alle Innovation zwischen Christi Geburt und 1900 gleich 1, dann hat sich die gleiche Anzahl an Innovation in der Zeit von 1900 bis 1985 ereignet. Entspricht der Zeitraum Christi Geburt bis 1900 ca. 60 Generationen, die sich an diese Veränderungen gewöhnen mußten, so sind es von 1900 bis 1985 noch 3 Generationen.

Dieselbe Anzahl von Neuerungen können wir dann zwischen 1985 und 2000 beobachten, was nur noch dem Zeitraum einer halben Generation entspricht. Und die Zukunftsforscher erwarten nun wiederum dieselbe Menge an Innovationen in nur 5 Jahren!! Das bedeutet, daß von nur einer Generation sechs mal das Ausmaß von Innovationen "verkraftet" werden soll, was vorher von 60 Generationen bewältigt wurde. Man konnte auch sagen, unser Leben ist um 360 mal schneller geworden als das unserer Großeltern und Urgroßeltern.

---

[1] Referat anläßlich der IBM-Konferenz zum Thema „Knowledge Management“ am 2. Dezember 1998

Wer treibt nun diesen Wandel an? werden Sie sich fragen.

- *Technologischer Wandel,*
- *sozialer Wandel und*
- *der Wertewandel oder die "Hybris"*

heißen die drei großen Spieler, die für dieses Tempo hauptverantwortlich sind. Diese drei Spieler treiben ihr Spiel nicht für sich alleine, sondern verstärken sich gegenseitig, arbeiten "autokatalytisch".

Dieses Bild illustriert, was sich da "abspielt":

TECHNOLOGIE

WERTE GESELLSCHAFT

Wie beeinflussen Veranderungen im sozialen Umfeld technologische Entwicklungen?

Die Zunahme von Single Haushalten in den industrialisierten Großstädten fuhrt z.B. zu kleinen Wohnungen, kleineren Autos, kleineren Verpackungsgrößen beim Fertigessen.
Mehr Wohlstand = reiche Menschen fuhrt zu immer größeren Flugzeugen. Mehr Rechte und Toleranz für Behinderte hat Behindertenfahrzeuge entwickeln lassen, mit denen sie in der Öffentlichkeit sichtbar werden
Die Liste ließe sich lange fortsetzen.

Wie nun steht es um den Einfluss, den technische Neuerungen auf das soziale Umfeld haben, aus?

1. Erst der Bau von Atomkraftwerken zur Energieversorgung Floridas hat die Bevölkerung so stark anwachsen lassen. (von wenigen 100.000 um die Jahrhundertwende auf 16 Millionen heute)
2. Erst die Erfindung und Verbreitung des Computers macht Teleworking als wachsende Form von Arbeit möglich.
3. Erst die Neuen Medien machen es möglich, daß "instant" Kapitaltransfer rund um die Welt stattfindet. (Übrigens der Kapitalumsatz macht bereits das Hundertfache des Waren und Produktumsatzes aus!)

Wie beeinflußt sozialer Wandel den Wertewandel?

Wieder einige Beispiele.
Der größere Anteil von Singles in der Bevölkerung hat zur Folge, dass sich die Werthaltung gegenüber sexueller Treue geändert hat. Häufiger Partnerwechsel wird normal und akzeptiert.
Die Zunahme von gebildeten, unabhängigen und/oder emanzipierten Frauen führt dazu, daß Scheidungen nicht mehr etwas Verpöntes, Abzulehnendes sind. Geschiedene werden nicht mehr "moralisch" diskriminiert. Scheidung ist auch ein Weg, der O.K. ist.
Mehr Wohlstand in der Bevölkerung gepaart mit mehr Freizeit hat zum starken Anstieg des Tourismus geführt. Durch die Reisen in fremde Länder sind die Vorurteile gegenüber anderen Rassen und Kulturen gemindert worden. Den Gegentrend zum Wertewandel stellt der Wertekonservativismus dar.

Gibt es auch einen Einfluß des Wertewandels auf die gesellschaftlichen Verhältnisse?

Die Studentenbewegung, die Frauenbewegung, die Ökologiebewegung u.a. haben sich Emanzipation (von Autoritäten) auf ihre Fahnen geschrieben. Dieses Ziel hat zu vielen hilflosen Männern

(in den Beziehungen) und vielen hilflosen Lehrern (in den Schulen) geführt.
Die erfolgreichen Autonomie- und Unabhängigkeitsbestrebungen wiederum fordern die Beziehungslosigkeit und die Angst vor Nahe. Single sein ist ”in”.
Während der Wert ”Arbeit” an Bedeutung verliert, haben die Werte ”Spaß” und ”Freizeit” stark zugenommen. Ich kann mich mit Schlagworten begnügen: Das Freizeitverhalten, der Freizeitstreß und die ganze Freizeitindustrie sind entstanden.

Sehen wir uns jetzt den Zusammenhang zwischen Wertewandel und Technologie näher an!

Welchen Einfluß hat der Wertewandel auf technologische Entwicklungen?

Wieder stellvertretend einige Beispiele:
Die Vorstellung, daß alles machbar ist (Machbarkeitswahn), hat die „in-vitro“-Fertilisation gefordert, kurbelt die Forschung zur Genmanipulation und Hirntransplantation an und lässt ”Kühlhäuser” entwickeln, in denen gestorbene Menschen eingefroren werden bis zum Tag, an dem ihre Todesursache behoben werden kann.
Freier Umgang mit Sexualitat hat die Erfindung und Vermarktung der ”Pille” notwendig gemacht.
”Freizeit” und ”Konsum” als Wert wiederum sind die Triebfeder vieler, nur fur das Wochenende nach Londen, nein nach New York zum Shopping zu fliegen.

Und wie steht es um die Wirkung des technologischen Fortschritts auf die gesellschaftlichen Werte?

Otto, Markus, Daimler, Ford – alle Namen, die uns im Zusammenhang mit der Entwicklung des Automobils einfallen, hatten sicher nicht die vielen Verkehrstoten beabsichtigt, mit denen wir heute selbstverständlich leben. (In Österreich sind es ca. 2.300 pro Jahr, eine Kleinstadt, in den USA sterben jährlich mehr Menschen auf den Straßen als im ganzen Vietnamkrieg Amerikaner gefallen sind!)

Die Antibabypille hat wohl die Bereitschaft zu sexuellem Abenteuer gesteigert.

Die Transplantationserfolge kurbeln unseren Machbarkeitswahn und die Vorstellung, daß wir eines Tages alle Todesursachen "besiegt haben werden", somit unsterblich werden, weiter an.

Ich hoffe, ich konnte darstellen, welche Parameter - sich gegenseitig beeinflussend – für den rasanten Wandel und unser Gefühl der Orientierungslosigkeit hauptverantwortlich sind.

2. Vom Mythos des "rationalen" Unternehmens

Ich bin wohl nicht allein, wenn ich mich frage, warum Organisationen häufig schlecht funktionieren?
Warum sind viele Unternehmungen so wenig lebendig, kein Platz für kreative Menschen, die nur ihr Potential entwickeln wollen?
Warum bringen uns die ständigen Neuerungen (Gesetze, Produkte, Märkte, EU Regeln etc.) scheinbar eher um, als daß wir sie "managen"?

Wie können wir Ordnung in dieser chaotischen Welt finden?

Die meisten von uns leben und arbeiten in Organisationen, die nach dem Vorbild eines mechanistischen Weltbildes entworfen und gebaut worden sind:

Wir managen, indem wir die Dinge (Probleme, Aufgaben) in Teile zerlegen;
Wir glauben, daß wir Menschen und ihr Wirklichkeitsverständnis direkt durch Information beeinflussen können;

Wir planen komplexe Dinge und erwarten die vorhergesagten Ergebnisse;
Wir verbessern ständig unsere Methoden zur objektiveren Wahrnehmung der Welt;
Wir streben an, Organisationen "im Griff" und "unter Kontrolle" zu haben;

Alle diese Annahmen stammen aus dem 17. Jahrhundert, basieren auf den 300 Jahre alten wissenschaftlichen Erkenntnissen der Physiker und Mathematiker Rene Descartes und Isaac Newton!

Ist denn unser Denken, ist der menschliche Erfindergeist im 17. Jahrhundert stehengeblieben?

Wir schreiben bald schon das Jahr 2000 und die Wissenschaften bieten viel Neues, haben sich gewandelt.
Warum wenden wir nicht die Erkenntnisse der Physik und Entwicklungsbiologie, der Kybernetik und der Systemtheorie unserer Zeit an, um zukunftsfähige und sich selbst erneuernde Unternehmungen zu ermöglichen?

Der Mensch ist eben keine triviale Maschine, die rational funktioniert. Da die Organisation eine Ansammlung von Menschen ist, gehorcht sie nicht den Gesetzen der Mechanik oder dem Erklärungsversuch des Universums vor 300 Jahren.

Bei lebenden Systemen muß man immer mit Eigengesetzlichkeiten rechnen, die nicht vorhersehbar sind. Unsere alten Denkgewohnheiten gehen jedoch davon aus, daß wir Menschen instruktiv beeinflussen können und die Reaktion vorausberechenbar ist.

Gregory Bateson, Anthropologe, Biologe und einer der frühen universellen Systemdenker, fuhrt dies *ad absurdum* mit dem folgenden Beispiel:

Wenn man einen Stein in physikalisch genau berechenbarer Weise tritt, kann man vorausberechnen, was mit de Stein dann passiert. Bei einem Hund ist das anders.

Wir verfeinern und verbessern die Methoden im alten Denkmodell – und erzielen nicht die gewünschten Ergebnisse. Wir erklären den Mißerfolg damit, daß Unternehmungen unführbar geworden sind. Auch noch mehr vom Selben wird uns nichts Neues bringen.

In komplexen Systemen an der Belastungsgrenze – und um ein solches handelt es sich bei unserem Wirtschaftssystem – kann lineares Denken katastrophale Folgen haben. Jeder von uns hat gelernt, daß 1 + 1 + 1 = 3 ist. Im komplexen System kann es 111 oder "Ende" bedeuten. Drastisches Beispiel: heute hat der Patient 38 Grad Fieber, morgen ca. 10% mehr, das heißt aber nicht, er ist kranker, sondern er ist tot. Und tot ist eine andere Qualität als krank.

Ich bin weit davon entfernt, endgültige Schlußfolgerungen zu ziehen. Wenn die Neue Physik (Quantenphysik) recht hat, dann gibt es keine objektive Realität, die nur darauf wartet, von uns entdeckt zu werden, ihre Geheimnisse preis zu geben. Daher gibt es auch keine Formeln, keine Lösung, keine Checklisten.
Schlüsselfaktoren in der Quantenphysik sind vielmehr Potential und Beziehung.

Was ich beabsichtige, ist mit Ihnen diese neue Sicht von Realität sowie von Potential und Beziehung und ihre Auswirkungen auf die Art und Weise, wie wir Unternehmungen führen, zu diskutieren.

In diesem Neuen Denken sind Information und Wissen nur die Hälfte von dem, was man braucht, um Realität zu erzeugen.

Wenn es mir gelingt, Sie für diesen Denkprozeß zu gewinnen und Sie sich in der Folge mit den neuen Ideen engagiert auseinandersetzen, werden andere Ideen entstehen, andere Hoffnungen und andere Erfahrungen als meine.

So wird jeder von Ihnen, wie ich hoffe, einen Gewinn mit nach Hause nehmen: aber jeder Gewinn wird sich unterscheiden von den anderen.

3. Thesen zum Idealbild der Lernenden Organisation

Mußten denn nicht Organisationen zu allen Zeiten lernen? Ist es nicht eine Banalität, von einer Lernenden Organisation zu reden?

Als sich diese Fragen in mir aufdrängten, habe ich mich dem Organismus zugewendet, mit dem wir alle vertraut sind, nämlich dem Menschen. Ich habe dann individuelles Lernen dem Organisationslernen gegenübergestellt und möchte das mit Ihnen jetzt teilen.

Das Individuum "lernt" auf dreierlei Arten:

Der Mensch lernt "endogen", von innen heraus, nach seinem genetischen Programm. Dieses Lernen nennen wir häufig "reifen". Kinder lernen laufen, bekommen die Schulreife, entwickeln die Geschlechtsreife usw. Wir tragen wenig zu diesen Reifungsprozessen bei, sie passieren mit uns.

Dann lernen wir "exogen", durch Reize von außen. Wir erleben Erfolg und wiederholen dieses Verhalten. Wir erleben Mißerfolg und vermeiden es. Wir haben gelernt. Das Kind greift auf die heiße Herdplatte und verbrennt sich die Finger. Es greift (wahrscheinlich) nicht mehr hin. Wir "reagieren" auf unser Umfeld so, daß wir überleben oder es uns "besser" geht.

Menschen können auch "aktiv" den Lernprozeß gestalten, **absichtlich, intentional lernen**. Wir nehmen Sprachunterricht 2 mal in der Woche, planen einen Sprachaufenthalt im Land und haben dann die Sprache auf einem gewissen Niveau gelernt.

Wie lernen nun Organisationen?

Wenn sich Organisationen auf den **"endogenen" Lernprozeß** verlassen, so führt das recht bald zum Untergang, denn sie bleiben vergleichweise auf dem Niveau niedriger Tierarten wie Reptilien oder Dinosaurier.

In vielen Organisationen findet Lernen in erster Linie durch **exogene** Reize statt. Man reagiert, wenn ein neuer Mitbewerber auftritt, wenn die Rohstoffpreise steigen oder sinken, die Zinssätze steigen oder fallen etc. Das wird in diesen turbulenten Zeiten für viele Unternehmen zu spät sein. Sie lernen, wenn sie bankrott sind; die Zukunft werden Sie nicht erleben.

Das **proaktive** Lernen, das den ganzen Menschen erfaßt, in vernetzten Prozessen denkt, Zukunft entwirft, bewußt gestaltet wird, meist in Teams stattfindet (kollektiv), wird Organisationen zukunftsfähig machen.

Wenn auch LERNEN das zentrale Element der lernenden Organisation ist, so ist sie damit noch nicht ausreichend beschrieben.

Die folgenden Merkmale der Lernenden Organisation möchte ich nun näher beschreiben:

- *Prozeßorientierung und Systemdenken*
- *Offenheit gegenüber der Umwelt*
- *Kollektives Lernen*
- *Ambiguitätstoleranz, die Fahigkeit zum Umgang mit Widersprüchen*
- *Autopoiese, die Fähigkeit zur Selbsterneuerung (Regeneration)*

Prozeßorientierung und Systemdenken

Wer von Ihnen am Land aufgewachsen ist, ist mit den zyklischen Prozessen der Natur von klein auf vertraut: wenn man im Frühjahr sät, kann man meist im Herbst ernten: die Kuh frißt Gras, gibt dafür Milch, ihr Mist düngt die Felder auf denen wiederum Gras wachst, das sie frißt.

Es handelt sich dabei um ein System, weil die Elemente Kuh, Gras, Milch, Mist von einander abhängen bzw. über einen Zeitraum sich gegenseitig beeinflussen.
Jeder biologische Organismus ist ein System, das Universum, Krankheiten, politische Parteien, Gemeinden und . . . Organisationen.

Wir sind alle daran gewohnt zu glauben, daß das Organigramm die Struktur einer Organisation beschreibt. Wenn wir systemisch denken, dann verstehen wir unter der Struktur einer Organisation aber die Beziehungsmuster der Elemente des Systems. d.h. auf welche Weise Entscheidungen fallen, Einstellungen und Werthaltungen der MitarbeiterInnen, wer auf wen eifersüchtig ist, mit wem konkurriert und viele andere Dinge. Diese Struktur ist häufig nicht beabsichtigt, sie ist vielmehr das Ergebnis von Entscheidungen, welche die Menschen tagtäglich bewußt oder unbewußt treffen.

Offenheit gegenüber der Umwelt

Ich wage die These, daß Organisationen um so zukunftsfähiger sein werden, je mehr sie im intensiven Austausch mit ihrer inneren und äußeren Umwelt stehen, auch schwache Signale wahrnehmen, die Ideen und Bedürfnisse der relevanten Personengruppen (Kunden, MitarbeiterInnen, Führungskräfte etc.) ernst nehmen, und ihre Potentiale wirksam aktivieren, zählen zu den wichtigen Kompetenzen einer lernenden Organisation.

Kollektives Lernen

Kollektives Lernen (Teamlernen) stellt eine große Herausforderung in intellektueller, emotionaler, sozialer und spiritueller Hinsicht für die lernende Organisation dar. "Wie lehrt man kollektives Lernen?" Mit dem Schullernen, bei dem Wissen vermittelt und in Tests abgefragt wird, hat es nichts zu tun.

Beim Teamlernen geht es um die Aktivierung, um die Entwicklung, um das "Lebenkönnen" der intellektuellen, emotionalen, sozialen und spirituellen Potentiale sämtlicher Mitglieder. Die Reflexion der Ereignisse und Lernschritte spielt dabei eine wesentliche Rolle. Voraussetzung für dieses Lernen ist die Annahme der Gleichwertigkeit der Menschen und der Wunsch nach nicht wertendem Verstehen. Der andere ist nicht Objekt meiner Absicht sondern ein genuines Wesen, ein Subjekt. (M. Buber)

Teamlernen wäre demnach ein Setting, in dem bewußte kollektive Achtsamkeit hergestellt und aufrechterhalten wird.

Durch erfolgreiches Teamlernen werden die sozio-emotionale Intelligenz und das intellektuelle Niveau sämtlicher Mitglieder gesteigert, neue (gemeinsame) Denkmuster und Vorstellungen von der Wirklichkeit entwickelt, mögliche, wünschenswerte Zukünfte (Visionen) entworfen. So entstehen "Kraftfelder" von unsichtbaren Verbindungen, die sich auf das Verhalten der MitarbeiterInnen auswirken.

Ambiguitätstoleranz – die Fähigkeit, mit Widersprüchen (Paradoxien) und Doppeldeutigkeiten umzugehen

Paradoxien und Mehrdeutigkeiten verunsichern uns. Wie kann etwas ordentlich und gleichzeitig unordentlich sein? Wie kann eine Abteilung, ein Unternehmen gut laufen, ohne unser Eingreifen und ohne unsere Kontrolle? Wir leiden, wenn wir feststellen, daß immer weniger vorhersagbar wird, was passiert, wenn wir eine bestimmte betriebliche Maßnahme setzen. In Systemen gibt es niemals zwei idente Situationen – trotzdem tun wir so, wenn wir extrapolieren und erfolgreiche Strategien wiederholen. Vergleichbar dem jungen Mann, der aus dem 12. Stock des Bürogebäudes springt und sich, als er am Fenster des 1. Stockes vorbeisegelt denkt: "Bis jetzt ist alles gut gegangen." – Hätte er sich mit Quantenphysik beschäftigt, hätte er gewußt, daß Veränderungen in Sprüngen stattfinden.

"You never step into the same river twice"

Warum fällt es uns schwer, Veränderung und Stabilität, Unordnung und Ordnung als zwei einander ergänzende Voraussetzungen von Wachstum zu sehen? Sind nicht Veränderungen und Schwankungen ein Teil des Prozesses, mit dem Ordnung und Stabilität hergestellt werden? (z.B. Puls- und Bludruckschwankungen stabilisieren den Organismus)
Erst Widersprüche, Unordnung und "Störungen" erlauben Kreativität und Wachstum.

Autopoiese – die Fähigkeit zur Selbsterneuerung

Diese Kraft zur Selbsterneuerung ist im Zusammenhang mit Krankheit und Heilung als Phänomen schon lange bekannt. Man spricht von "Spontanheilung", wenn der Patient ohne Mithilfe der professionellen Heiler wieder gesund wird.

Maturana als Entwicklungsbiologe hat sich in den Siebzigerjahren mit diesem Phanomen theoretisch auseinandergesetzt und 1980 sein wichtiges Buch darüber publiziert.

Was ist nun Autopoiese? Und: Was hat sie mit der Lernenden Organisation zu tun? Es ist die folgende Definition, die mich nicht mehr verlassen hat: *"Autopoiese ist die Charakateristik aller lebendigen Systeme sich selbst ständig zu erneuern und ihre*

Prozesse so zu regulieren, daß die Integrität ihrer Struktur erhalten bleibt." Autopoiese ist demnach ein natürlicher Prozeß, der die Struktur, die Erneuerung und jene Prozesse entstehen läßt und unterstützt, welche die Erhaltung des Ganzen sicherstellen.

Ist es nicht genau das, was wir uns von wirtschaftlichen Organisationen wünschen? Wenn unsere Organisationen niemals ruhende Strukturen sind, die sich ständig zu erneuern trachten, so liegt die Frage nahe, warum strengen wir uns an, Organigramme zu zeichnen, die richtige Struktur zu finden, Abläufe festzulegen, Kompetenzen abzugrenzen, Kontrollsysteme zu errichten und Motivationsanreize zu erdenken? Wo liegen denn die Barrieren auf dem Weg zur Verwirklichung dieses angeblich natürlichen Zustandes?

4 . Grenzen der Lernenden Organisation – Barrieren und Widersprüche

Einige der Barrieren liegen in uns Menschen selbst. Wen wundert es, daß wir gegen Veränderung sind, wenn wir uns aus der Veränderung einen für uns schlechteren Zustand erwarten!?
Ein offener Prozeß, dessen Verlauf weitgehend unvorhersagbar ist, macht Angst. Je ängstlicher wir und das Management sind, um so mehr werden wir nach Kontrolle und Rationalität schreien.

Ein dynamischer, offener Prozeß, dessen Ordnung sich unserer Kontrolle entzieht, setzt Vertrauen voraus. Wo lernen wir in der heutigen Welt Vertrauen? In dem, was wir noch Familie nennen? In der Schule? Im Berufsleben?

Andere Barrieren liegen in den Organisationen selbst.

Organisationen, die nach dem Prinzip von "Erfolg" und "Mißerfolg", d.h. reaktiv lernen, scheitern oft gerade an diesem anhaltenden Erfolg. Er macht sie selbstgefällig und blind für Signale und notwendige Änderungen.

Klassische Beispiele sind das "Model T" der FORD Motor Company, das so erfolgreich war, daß Henry Frod nicht bereit war, Innovationen zuzulassen und die Organisation an den Rand des Bankrotts geführt hat.

Wenige Jahrzehnte später wiederholte sich das Drama mit dem VW Käfer, der das meist verkaufte Automobil der Welt war. Der damalige VW Chef untersagte unter Hinweis auf den Erfolg jede Modelländerung. Das Ergebnis waren ebenfalls existenzbedrohende Wirtschaftszahlen.
Was ist dort passiert? Wenn Organisationen Maschinen sind, macht Kontrolle durchaus Sinn. Wenn sie aber Prozeßstrukturen sind, dann bedeutet das Ausüben von Kontrolle durch Festhalten an starren, permanenten Strukturen so viel wie Selbstmord. Dann ist die Organisation kein lebendiger Organismus mehr, ist erstarrt, Selbstzweck geworden.

Sicher fallen auch Ihnen österreichische Beispiele dazu ein. Eines, das ich aus nächster Nahe gekannt habe, ist die ÖIAG in den Achtzigerjahren. Auch auf Ewigkeit orientierte Institutionen wie die katholische Kirche haben wesentliche Lernschritte verhindert und "Wissen" nicht zur Kenntnis genommen. Denken wir an das Schicksal Gallileo Gallilei's! Gesetze behindern ebenfalls offene, dynamische Systeme. Wer erinnert sich noch, als die US amerikanischen Autos umgebaut werden mußten für den österreichischen Markt, weil sie in der Mitte auf der Rückscheibe ein drittes Bremslicht hatten?

Die Vision von der Lernenden Organisation hat sich demnach u.a. noch gegen unser altes Verständnis von Organisation und Führung durchzusetzen. Darüber hinaus wird sie auf menschliche Schwächen stoßen wie Neid, Eifersucht, Abteilungsegoismus, Angst oder "innere Emigration". Sie wird möglicherweise da und dort an Werthaltungen scheitern, die mit Lenin meinen: *Vertrauen ist gut - Kontrolle ist besser.*

Warum glaube ich dennoch, daß sich unsere Unternehmungen dem Typus der Lernenden Organisation annähern werden?

Der globalisierte Kapitalismus, die Sprache der Ökonomie wird es sein, die von uns die Aktivierung aller schlummernden Potentiale zur Produktivitätssteigerung fordern wird.
Daher finde ich es gut, wenn wir uns schon jetzt mit diesen Ideen beschäftigen.

Denn

"You never step into the same river twice."

Literatur

BATESON, Gregory „Mind and Nature", New York, 1980
DRUCKER, Peter „Post-capitalist Society", New York, 1993
MATURANA, H. und VAREALA F. „Autopoiesis and Cognition: The Realization of the Living", London, 1980
SENGE, Peter „The Fifth Discipline: The Art and Practice of the Learning Organization", Ne York, 1990
WHEATLEY, Margaret J. „Leadership and the New Science", San Francisco, 1992
ZUCHA, Rudolf O. „Führungsstärke in der Praxis – Leadership, Organisation, Kultur", Wien 1995

Streß, Kreativität und Lebensweise

Frederick Mayer

Hans Seyle, der große Streßforscher, betont in "Streß-Bewältigung auch Lebensgewinn":
"Von der hohen Warte der ewigen, allgemeingültigen Gesetze aus betrachtet, welche in der Natur regieren, sind wir alle erstaunlich gleich. Die Natur ist der Urquell all unserer Probleme, aber auch ihrer Lösungen; je enger wir uns an sie halten, desto besser erkennen wir, daß ihre Gesetze trotz der scheinbar ungeheuren Abweichungen in ihrer Auslegung und Deutung immer ihre Gültigkeit behalten haben und sich nie überleben können. Die Vergegenwärtigung dieser Wahrheit wird uns sehr wohl davon überzeugen, daß in gewissem Sinne nicht nur alle Menschen, sondern alle Lebewesen Brüder sind. Um streßvolle Situationen wie Streit, Enttäuschung und Haß zu vermeiden und am Frieden und Glück zu erreichen, sollten wir dem besseren Verständnis der natürlichen Gründe für unsere Motivierung und unser Verhalten größere Aufmerksamkeit widmen." Besonders literarische Werke können das Problem von Streßsituationen klarifizieren und zu einer besseren Lebensphilosophie beitragen.

Eines der größten Bühnenstücke unserer Zeit war *"Tod des Handlungsreisenden"* von Arthur Miller. Der Mann ist ein Vertreter, er war einmal sehr erfolgreich, und jetzt hat er nur mehr Mißerfolg. Seine Familie versteht ihn nicht, er fühlt, daß er keine Zukunft mehr hat, er wird entlassen, und am Ende verübt er Selbstmord.
Das Problem des Mannes in unserer Zeit ist, daß er sich dauernd in zwei Welten bewegt. Die eine ist die Privatwelt, die Familie, die andere ist der Beruf. In Amerika habe ich immer wieder gesehen, daß ein sehr erfolgreicher Manager daheim als Mißerfolg eingestuft wurde. Die Frau hat sich beklagt, daß er sich zum Beispiel zu wenig um die Kinder kümmert, daß er zu lang arbeitet, daß sein Beruf über alles geht. Auf der anderen Seite, wenn er sich zu

Hause mehr engagierte, dann wurde ihm vorgehalten, daß er im Beruf zu wenig erfolgreich wäre.

Ein großartiges Werk in Amerika, *"Something Happened"*, mit dem deutschen Titel *"Was geschah mit Slocum"*, von Joseph Heller, zeigt die Ambivalenz des Lebens eines amerikanischen Managers. Slocum hat eine sehr gute Persönlichkeitsstruktur, er ist beliebt, er ist erfolgreich, er hat viel Geld, aber will mehr Macht in dem Unternehmen. Seine Beziehung zu seiner Frau ist kühl, manches Mal denkt er an Scheidung, sicher empfindet er wenig Leidenschaft für sie. Seine Tochter versteht er nicht, sie hat doch so viel, eine Stereoset, Farbfernseher, Reisen, besucht eine gute Schule, aber sie ist unzufrieden. Der ältere Sohn ist behindert, am liebsten würde Slocum überhaupt dessen Existenz vergessen. Er hat ein Schamgefühl gegenüber diesem Sohn. Seinen jüngsten Sohn liebt er, aber der Sohn ist sehr schwach, hat Angst in der Schule, spielt die Rolle des Außenseiter. Der Vater möchte dem Sohn helfen, praktischer zu sein, Erfolg in der Schule zu haben, aber der Sohn bleibt introvertiert. Das Problem für Slocum wie für sehr viele Menschen in unserer Zeit ist, was er tun soll.

Soll er sich auf seinen Beruf konzentrieren? Wenn er das macht, wird er immer mehr ein Gefühl der Entfremdung erleben, soll er verständnisvoller sein, aber dafür fehlt ihm die Geduld.

Je mehr er sich von seiner Familie entfremdet, umso mehr denkt er über seine Vergangenheit nach. Einmal hat er wirklich geliebt, aber damals war er zu jung, um dieses Mädchen zu verstehen. Sie war älter, viel praktischer in ihren Reaktionen und in ihren Ideen, es kam nie wirklich zu einem echten Erlebnis. Er war dann im Krieg und sie hat Selbstmord verübt, genau wie ihr Vater. Für ihn bleibt sie ein unerreichbares Ideal. Doch je mehr er darüber nachdenkt, umso mehr kommt er zu dem Schluß, daß sie nach einigen Jahren vielleicht genauso wie seine Frau sein würde, er verhielte sich dann genauso. In seinem Inneren weiß er, daß er nie eine echte Erfüllung erleben würde. Ironischerweise wird er befördert, er bekommt die Stellung, die er immer wollte. Jetzt wird er in einem größeren Haus leben, mit noch mehr Komfort. Er wird noch luxuriösere Parties geben. Seiner Frau wird er mehr Diamanten kaufen, natürlich wird er ihr untreu sein. Seine Tochter würde noch bessere Schulen besuchen, aber sie würde immer unzufrieden sein.

Das Erfolgsproblem, wie Slocum zeigt, ist besonders schwierig für den Mann, weil in unserer Zeit eine Explosion der Erwartungen stattgefunden hat. Man will viel mehr vom Leben, man hat viel mehr Illusionen, aber die Realität kann sehr ernüchtern. Was ist das Resultat? Der Mann stirbt relativ jung, man hat immer mehr eine Nation von Witwen. Das erinnert mich an eine Reklame in einem Maklerbüro in Los Angeles: *"Have you thought of your wife as a widow?"* (Haben Sie über Ihre Frau als Witwe schon nachgedacht?)

Immer mehr Männer sterben in ihren besten Jahre, weil sie sich auch körperlich vernachlässigen. Immer mehr sind dem Alkohol ausgeliefert, auch anderen Suchtkrankheiten, aber noch viel schwieriger ist die existentielle Unzufriedenheit, das Gefühl, daß man zu viel vergeudet hat.
Ein unnötiger Streß, hervorgerufen durch falsche Werte, verursacht eine permanente Enttäuschung.

Ich habe vor kurzem mit einem Psychologen gesprochen, der für die Telefonseelsorge arbeitet. Er hat zwischen 1o Uhr abends und 8 Uhr früh die Anrufe beantwortet. Er bekam ungefähr 20 Anrufe, darunter 12 Frauen zwischen 25 und 85 und 8 Männer zwischen 50 und 75. Einige davon haben schon öfters angerufen, sie wollten einfach einen Kontakt mit der Umwelt, mit jemandem sprechen, jemanden kontaktieren, der Zeit hatte, der zuhören würde.
Sie beklagten sich fast alle, daß sie isoliert leben, daß sie total frustriert waren. Drei waren Selbstmordkandidaten, ein Student, der seine Prüfung nicht bestanden hatte, ein Mann von 70, der Angst hatte, daß er an Krebs leidet, und eine Frau von 40 mit fünf Kindern, deren Mann sie verlassen hat.

Der Psychologe versuchte so lang wie möglich mit den Anrufern zu sprechen, denn er wußte, vielleicht war er die einzige Rettung vor dem Selbstmord. Die Selbstmordgefährdeten versprachen zurückzurufen, er bekam keine Adressen.

Er sagte zu mir: *"Durch diese Arbeit habe ich mehr gelernt als in den Seminaren und Vorlesungen auf der Universität. Ich habe gelernt, wie groß die seelische Not ist, daß sie nicht nur durch einen Faktor ausgelöst wird, sondern durch unseren ganzen Lebensstil, der zur Frustration und zur Niederlage führt. Gerade wenn der Mensch Verständnis, Mitgefühl und Sympathie braucht, bekommt er meistens eine ablehnende und kalte Haltung zu spüren."*

Es ist sehr leicht, Theorien über die Menschheit zu machen, Tests zu entwerfen, neue Ideen zu produzieren, aber in dem Fegefeuer dieser grauen Atmosphäre, in der die meisten Menschen leben, echte Hilfe zu geben, ist sehr schwierig. Denn so oft ist es sehr spät, wir zahlen für die Versäumnisse der Schule, der Familie und der Gesellschaft. Ein bekannter Psychologe, Ernest Bornemann, behauptet, daß überhaupt eine psychologische Therapie unmöglich ist. Sind nicht viele Psychologen und Psychiater besonders depressiv? Haben sie nicht ein großes Machtstreben? Erleben sie nicht zu viel Streß?

Kritische Psychologen betonen, daß die konventionelle Therapie nur Pseudoerfolge hat, daß die, die es am meisten brauchen, ihre Konflikte nicht verbalisieren können. Die Kritik von Eysenck ist stark gegenüber der konventionellen Therapie, besonders der Freudschen, und er behauptet, daß viele Patienten eine Besserung erfahren, egal ob sie Therapie bekommen oder nicht. Die großen Hindernisse für Therapeutenerfolge sind, daß die Therapien besonders in Amerika meistens sehr viel kostet und der Therapeut zu sehr von Methoden eingenommen ist, statt sich wirklich den Problemen und den Sorgen des anderen zu widmen.

Ich sprach einmal mit einem Psychiater, der in Beverly Hills lebte, einer der reichsten Vororte von Amerika, und er meinte, daß man dort so gute Möglichkeiten hat, Forschung zu betreiben, weil in der Nähe ULCA, eine großartige Universität war. Ich fragte, warum man so wenig Psychiater in dem mexikanischen Viertel oder in dem Vorort der Afroamerikaner habe, und er betonte, daß es dort keine Forschungsmöglichkeiten gäbe. Ich lachte und sagte: "Wo soviel Kriminalität herrscht, so viele soziale Spannungen, dort hätte man doch wunderbare Möglichkeiten, neue Therapien zu erproben." "Aber man hat keine Universität dort", war seine Antwort. "Ist eine Forschungsstätte wichtiger als aktive Anteilnahme an sozialen Problemen?" Er meinte: "Für uns schon."

Ich kenne in Amerika sehr viele Psychiater, sie sind dort besonders geschätzt, man betrachtet Psychiatrie in gewisser Hinsicht fast wie Religion. Aber um so mehr ich sie kennenlernte, um so skeptischer wurde ich. Ich sah nicht nur die Kontroversen der verschiedenen Schulen, sondern auch eine gewisse unaufrichtige Haltung, etwa wenn ein Kollege einer psychiatrischen Abteilung beim Essen war, wurden ihm viele Komplimente gemacht, doch kaum war er weggegangen, wurde äußerst negativ über ihn gesprochen. Seine Forschungsergebnisse wären sehr schlecht und überhaupt, daß er nur ein Poseur sei. Trotzdem glaube ich, daß man auf keinen Fall die Bedeutung der Psychiatrie und Psychologie unterbewerten kann, denn in einer Zeit, in der die Diskrepanz zwischen Theorie und Praxis immer größer wird, in der wir eine Massengesellschaft leben, unrealistische Erwartungen haben, so wenig Menschlichkeit erleben, brauchen wir eine Überprüfung unserer Haltung, unserer Werte, unserer Einstellung gegenüber den Mitmenschen.

Keine Illusion, wir sind noch am Anfang echter Menschlichkeit, besonders wenn wir die psychiatrischen Krankenhäuser sehen, ob in den USA, in Österreich oder in der Bundesrepublik. Sie sind meistens überfüllt, die Pfleger überarbeitet, viel zu viele Patienten bei einem Psychiater. Die wirklich "großen" Psychiater sind zu sehr beschäftigt, Theorien zu entwickeln, sie werden sicher dort nicht arbeiten.

Man hat zu wenig Verantwortungsgefühl. Von den Familien ist der Patient abgeschoben, sehr viele Familien sind sogar froh, daß ein lästiges Mitglied nicht mehr daheim ist. Immer noch werden Elektroschockbehandlungen angewendet, die oft sehr negative Konsequenzen haben.

Es stellt sich das Problem, was machte ein sensibler, von Streß geplagter Mensch in einer kranken Welt. Denn sehr oft finden wir, daß gerade der Mensch, der sehr tief fühlt, besonders häufig Neurosen erlebt Wir dürfen nicht vergessen, daß die Menschen, die wirklich Therapie brauchen, oft die Macht ausüben.

Deshalb finden wir in den großen Romanen, wie dem "Zauberberg" von Thomas Mann, als Symbol das Krankenhaus; solange wir die Perversionen der Macht hinnehmen, relativ harmlose Patienten dagegen einsperren, können wir wenig Fortschritt in der Therapie machen.

Ich glaube, wenn der Patient kreativ wird, wenn er entdeckt, daß er Fähigkeiten hat, wenn er lernt, wieder zu spielen, wenn er sich zum Beispiel als Maler betätigt, wenn er musiziert, daß dann der Weg zur seelischen Gesundung gefunden wird. Jung war weise, als er die Sinnfrage ins Zentrum der Therapie stellte, und sehr oft hat er Patienten veranlaßt, ihre kreativen Fähigkeiten zu intensivieren.

Einer der interessantesten Psychiater, den ich in Los Angeles kennenlernte, war Perser. Er ist mit seinen Patienten spazieren gegangen, er hat zu mir gesagt: *"Wenn wir die Natur betrachten, entspannen wir uns, wir nehmen unsere eigenen Probleme weniger wichtig, wir haben die beste Möglichkeit, uns zu verstehen, wir fühlen uns weniger entfremdet, und wir überwinden die Hektik, die so viele Menschen in unserer Zeit erleben."*

Ich habe einmal in einem Seminar Studenten gefragt, was sie tun würden, wenn sie erfahren, daß sie nur noch einen Tag zu leben hätten. Die Antworten waren interessant. Einer sagte, daß er sich betrinken"würde. Ein zweiter, daß er Drogen nehmen würde, ein dritter wollte sexuelle Abenteuer, ein vierter wollte sofort Selbstmord begehen, ein fünfter wollte gute Musik hören, ein sechster wollte eine Kurzgeschichte schreiben, ein siebenter wollte einen Priester konsultieren, ein achter sein Testament umarbeiten, ein neunter Zen-Meditation machen, ein zehnter ein effektives Schlafmittel nehmen, ein elfter wollte den Tag mit jemandem verbringen, den er wirklich liebte.

Doch überlegen wir: Ist nicht jeder Tag unwiederholbar, und warum leben wir so unbewußt? Warum haben wir die Illusion, daß wir so viel Zeit haben, wenn alles so begrenzt ist? Warum die dauernde Hektik?

Man könnte einwenden, daß eine solche Perspektive zum Pessimismus führt. In dieser Sicht scheinen viele unserer Errungenschaften als trivial, viele unserer Erfolge als oberflächlich.
Doch durch eine tiefere Analyse können wir uns mehr auf wichtige Dinge konzentrieren, die uns mit unserem Nachbarn vereinigen und die ein Gefühl der Solidarität erzeugen. Dann fühlen wir, daß wir nicht allein sind, daß wir ein Teil einer größeren Gemeinschaft sind, einer Gemeinschaft der Suchenden, die nicht vom Streß dominiert sind.

Wie Maria Louise Rosenberg schreibt:

> *"Was rufst Du so, was tut Dir Not?*
> *Hast Du nicht Bett, hast Du nicht Brot*
> *mit Aug und Ohr hierher gestellt,*
> *was willst Du noch von dieser Welt?*
>
> *Was hör ich Dich schon wieder schrei'n:*
> *Der Mensch lebt nicht vom Brot allein,*
> *er sucht des Geistes hellen Strahl,*
> *Erkenntnis, Liebe, Ideal.*

So strebe nur in stetem Drang,
und sehne Dir die Seele krank.
Zuallerletzt wird Dir dann klar,
daß dieses schon das Leben warn"

Eine konstruktive Lebensphilosophie ist Fundament für alles. Das heißt nicht nur ein Wissen über die Geschichte der Philosophie, über das Leben der großen Denker und ihre Beiträge zur Weltzivilisation. Viel mehr wird verlangt. Wir müssen uns in ihre Idee vertiefen; sie müssen direkt zu uns sprechen, so daß wir einen dauernden Dialog mit ihnen führen.

Das bedeutet nicht, daß wir unkritisch gegenüber den großen Denkern sein sollen. Statisches Imitieren führt zu einer unkreativen Lebensweise. Dauernd müssen wir Fragen stellen wie die folgenden: Wie können wir durch diese Studien unsere eigenen Einsichten und Haltungen verbessern? Wie können wir dadurch den Streß des Lebens besser meistern? Wie können wir Ideale durch unsere Tage verifizieren?

Besonders Epiktet (50 - 130 n.Chr.) kann ein Vorbild sein. Er wurde als Sklave geboren, später freigelassen. Er war an einem Bein gelähmt und doch Symbol der Freude. Sein Leben war gekennzeichnet durch Einfachheit. Er lehrte uns unter anderem:

"Begnüge dich mit dem, was geschieht, und dein Leben wird glücklich sein ... Manches steht in unserer Macht, manches nicht. In unserer Macht steht das Denken, das Verlangen und das Meiden dies sind also alle Dinge in uns. Nicht in unsere Macht gegeben sind Besitz; Ansehen und Würde also alle außer uns ... Sage nie, ich habe etwas verloren, sondern ich habe es zurückgegeben. Ein Kind ist dir gestorben: du hast es zurückgegeben. Deine Frau ist dir gestorben: du hast sie zurückgegeben ...Verhalte dich im Leben wie bei einem Gastmahl. Eine Speise wird herumgereicht und gelangt zu dir: du hältst sie und nimmst sie mit Anstand ... Merke dir: Du hast eine Rolle zu spielen in einem Schauspiel, das der Dichter bestimmt ... Deine Aufgabe ist es nur, die zugeteilte Rolle gut zu spielen. Sie auszuwählen liegt in der Hand eines anderen ...

Bedenke bei allem erst die Bedingungen und Folgen, dann erst unternimm! ..."

Hans Selye wie Epiktet betont:

"Sieh ein, daß es keine Vollkommenheit gibt, daß jedoch auf jedem Leistungsgebiet irgend etwas hervorragend ist; begnüge dich damit, dies anzustreben.
Unterschätze nicht die Freude wahrer Einfachheit in deinem Lebensstil. Die Vermeidung jeglicher Affektiertheit und überflüssiger Pomphaftigkeit bringt in gleichem Maße Wohlwollen und Liebe ein, wie pompöses Gekünsteltsein Abneigung erntet.
Welche Situation dir auch immer im Leben begegnen mag, überlege erst, ob es sich wirklich lohnt, dafür zu kämpfen. Vergiß nicht, was uns die Natur über die Wichtigkeit des sorgfältigen Ausgleichens syntoxischer und katatoxischer Einstellungen zu allen Problemen einer Zelle, eines Menschen und selbst einer Gemeinschaft gelehrt hat.

Bemühe dich, deinen Sinn immer auf die angenehmen Seiten des Lebens zu konzentrieren und auf Handlungen, die diene Lage verbessern können. Versuche, alles unabänderlich Häßliche oder Schmerzhafte zu vergessen. Das ist vielleicht der wirksamste Weg, Streß durch das auf ein Mindestmaß zu reduzieren, was ich als spontane geistige Ablenkung bezeichnet habe."

Ein uraltes Zen-Gedicht vertritt einen ähnlichen Standpunkt:
"Das Leben ist wie ein Regentropfen und doch und doch" ...

Das Alter kann nur kreativ sein, wenn das Leben streßfreier und progressiver wird und hier können wir sehr viel vom Fernen Osten lernen. Denn dort ist automatisch der ältere Mensch im Mittelpunkt. Ich habe einmal zu einer Gruppe von Psychologen über die Möglichkeit des Alters gesprochen. Die Psychologen waren sehr technokratisch interessiert. Und nach der Rede haben sie Arbeitsgruppen gebildet, das Resultat wurde dann im Plenum besprochen, und einige haben gesagt: "Was wir wollen sind bessere Tests, so daß das Alter besser gestaltet werden kann." Und ironisch habe ich dann gesagt: "Würden Sie" die meisten haben mit der Industrie gearbeitet "einen Mann empfehlen, der 77 Jahre alt ist, kein guter Administrator, etwas schwärmerisch? Sicher nicht." Und doch, wenn wir über Papst Johannes nachdenken, gerade weil er so begeisterungsfähig und so menschlich war, und gerade weil er fühlte, daß er gebraucht wurde, hat er einen dauerhaften Beitrag geleistet. War er nicht total anders als der von Streß geplagte jetzige Papst?

Um das Alter kreativ zu gestalten, brauchen wir dringend eine Umwertung der Werte. Statt Streß als Leitmotiv Tiefe in menschlichen Beziehungen, statt Bewunderung einer Jugendkultur, die weder zu einer echten Kultur führt noch zu einer Erfüllung der Jugend, brauchen wir mehr Gleichgewicht zwischen Jugend und Alter.

Es gibt unzählige Clubs für die Jugend, auch sehr viele Clubs für die Pensionisten, aber wo sind die Möglichkeiten einer kreativen Begegnung zwischen Jugend und Alter? Wir wissen aus zahlreichen Beispielen, wie ein Mensch sich im Greisenalter noch entwickeln kann, ob als Dirigent wie Böhm, ob als Maler wie Grandma Moses, ob als Künstler wie Picasso oder als Staatsmann wie Jefferson oder als Philosoph wie Plato. Natürlich sind das Ausnahmen, aber muß das so sein, können wir nicht durch eine neue Einstellung und eine neue Ehrfurcht für die Möglichkeiten der Reife einen kreativen Lebensstil entwickeln. ein Lebensstil, der nicht von Vergeudung und Streß geprägt ist"

Der entspannte Mensch
Josef Rattner

In der Psychodiagnostik ist es nützlich, stets die allgemeine Regel in Erinnerung zu behalten: Je gesünder ein Mensch in seelischer Hinsicht ist, um so entspannter wirkt er auf seine Mitmenschen. Und nicht nur das er ist auch "entspannender" für seine Beziehungspersonen. Denn der Angespannte strahle Anspannung aus, der man sich schwer entziehen kann. So darf man durchaus als Diagnostiker in sich hineinzögen und das eigene Gefühl als Diagnostikum verwerten. Es spricht "gegen einen Menschen", wenn wir in seiner Gegenwart unruhig, angespannt und "nervös" werden.
Natürlich gibt es hier wie bei allen Regeln Ausnahmen. Man muß solche Formulierungen nicht überstrapazieren. Aber in großen Zügen kann man sich daran halten: allzu mächtigen Streß ausgenommen, sollen wir ruhig, entspannt und gelassen durchs Leben gehen.

Zunächst zur Phänomenologie der Anspannung
Sie zeigt sich gelegentlich in *Mimik, Gestik* und *Haltung* eines Menschen. Aber manche sind geschickt genug, derlei zu verbergen. In diesem Falle äußert sich das Nervössein zum Beispiel im *Sprechen*. Die Sprechweise ist ein wundervolles Diagnostikum, das uns das Seelenleben des Gegenübers enthüllt. Wer angespannt ist, wird zu schnell, zu leise, zu laut, zu wenig, zu viel, zu stolprig, zu verwaschen usw. sprechen. Jede *Seelenanomalie* übersetzt sich in eine *Sprechanomalie*. Man muß nur genau hinhören. Aber die Sprache ist die Brücke, über die der Verkehr der Menschen untereinander stattfindet. Ist jemand ein schlechter Brückenbauer, dann wird auch sein Sprachduktus irgendwo "gehemmt sein.

Falls die äußeren Zeichen des Angespanntseins unklar sind, ist man darauf verwiesen, die *vegetativen Funktionen des Leibes* zu

beachten. Nervosität "schlägt aufs Vegetativum"; dieses entgleist in seiner Funktionstüchtigkeit. Darum wird der Nervöse blaß oder rot, schwitzt, bekommt Kälte- oder Hitzegefühle, unterliegt einem intensiven Darmreiz (Durchfall), die Haare sträuben sich ihm usw. Man muß lernen, die *Unruhe eines Menschen* mit solchen *Symptomen* in Verbindung zu bringen.
Wenn Anspannung mit vegetativem Aufruhr identisch ist, dann kommt es in ihrem Gefolge zu einer unsäglichen Fülle von psychischen und psychosomatischen Störungen. Im psychischen Bereich werden wir gewöhnlich *Angst* in ihren tausend Spielarten antreffen; sie verbindet sich häufig mit *Aggression*, was man als Kompensation von Angstaffekten verstehen kann.
Aber nicht nur ängstlich-aggressive Zustände korrelieren mit dem Angespanntsein. Viele *Organfunktionen* werden desorganisiert, so daß es zunächst zu *Funktionsanomalien*, später zu eigentlichen *Krankheiten* kommen kann.
Der angespannte Mensch ißt zuviel oder zuwenig. Er verdaut schlecht und leidet unter Umständen an *Magenverstimmungen* oder *Geschwüren*. Sein *Herz* und *Kreislauf* werden überbelastet. Der Blutdruck kann zu hoch oder zu niedrig sein. Herzrhytmusstörungen stellen sich gegebenenfalls ein; sie dokumentieren, daß der Mensch mit seiner Welt irgendwie "auf Kriegsfuß lebt".
Die *Atmung* wird verkrampft, zu flach und zu unruhig. Manche Patienten transformieren die innere Spannung in ein Asthma bronchiale.
Auch die *Gefäße* verkrampfen sich da und dort und erzeugen möglicherweise Kopfschmerz, Migräne und andere Leiden. Des weiteren werden Muskulatur und Wirbelsäule "attackiert. Es kommt zu Schmerzzuständen, aber auch eventuellen "rheumatischen Entzündungen".
Auch das *Sexuelle* ist ein feiner Indikator des Angespanntseins. Wer in den sexuellen Akt Unruhe und Nervosität hineinträgt, kann ihn oft nicht vollziehen. Daraus resultieren Impotenz oder Frigidität. Auch die sexuellen Perversionen verzerren die liebende Hingabe in ein neurotisches Kämpfen, das ohne innere Spannung kaum machbar wäre.

Und sind nicht *Wahnkranke* ebenfalls angespannte Menschen? Sie demonstrieren ihre Unruhe in allen ihren Symptomen. Bleiben uns noch die *Charakteranomalien*, auf deren Grunde der Kenner die "Nervosität" durchscheinen sieht. Das gilt zum Beispiel für Ehrgeiz und Eitelkeit, Neid und Eifersucht, Geiz und Haß, Trauer und Negativismus. Wer entspannt ist, kann sich als Mitmensch und Mitspieler geben und wird solche *Zerrformen des Benehmens* vermeiden.

Anspannung verhindert auch ruhiges *Lernen* und *Arbeiten*. Viele lerngestörte Kinder zum Beispiel sind so "nervös", daß sie den Lernstoff nicht an sich herankommen lassen können. Wer gut arbeiten will, muß empfänglich sein für das "Wesen der Sache" und sich mit ihr mit Geduld und Hingabe widmen. Für den angespannten Menschen jedoch bleiben viele Aspekte seiner Aufgaben "stumm".

Des weiteren kann man nicht gut schlafen, wenn man innerlich gespannt ist. Der *Schlaf* hat viele physische und psychische Bedingungen; eine von den letzteren ist das Sichhingeben und das Sichfallenlassenkönnen. Darum kann man bei schlafgestörten Patienten fast ohne weiteres diagnostizieren, daß sie "Probleme" haben, die eine gelassene Lebenseinstellung verhindern.
Wir haben bereits weiter oben angedeutet, daß Spannung sich auch als *Schmerz* niederschlagen kann. Man wird daher bei physisch unerklärlichen Schmerzattacken oder chronischen Schmerzen immer danach suchen müssen, ob sie untergründig mit einem Übermaß an Anspannung verbunden sind.

Aus all dem geht hervor, daß im Zentrum vieler Leiden ein hohes Quantum von *Aufregung* und *Anspannung* steht. Novalis sagte um 1800 mit Recht: *"Der gesunde Mensch ist immer ruhig."* Wer den Menschen von körperlichen und seelischen Leiden befreien will, wird immer danach trachten, ihm Entspannung und Ruhe zu verschaffen.

Warum Selbstdiagnose meistens unmöglich ist.

Natürlich spürt man selbst einigermaßen, wenn man angespannt ist; aber das *volle Ausmaß unseres habituellen Angespanntseins* ist unserer Wahrnehmung kaum zugänglich. Man lebt eben von Kindheit an auf einem bestimmten Niveau von "Nervosität", und daran ist man so sehr gewöhnt, daß man es kaum noch rezipiert.

Wer sein seelisches Gleichgewicht überwiegend mit *Projektionen* aufrecht erhält, wird sogar die eigene Spannung als die "Spannung der anderen " erleben. Sie sind es, die uns nervös machen. Ein Arzt sagte dem herzkranken Dichter Curt Götz: "*Sie dürfen sich nicht aufregen.*" Die Antwort war: *"Ich rege mich nie auf; das machen nur die anderen!"*

Am ehesten erkennt nach den Grad des eigenen Gespanntseins, wenn man *über längere Zeit hinweg* mit einem wahrhaft entspannten Menschen kommunizieren kann. An der Ruhe des anderen nimmt man die eigene Unruhe wahr. Zu diesem Zwecke muß man aber lernen, das Gegenüber ohne allzu große Wahrnehmungsverfälschungen zu sehen. Das gelingt mitunter in der Psychotherapie. Der Patient merkt nach und nach, daß sein Analytiker ganz anders ist, als er ihm zunächst erschien. Diese *Wahrnehmungskorrektur* ist ein mächtiger Heilfaktor.

Aus all dem läßt sich schließen, daß ein Therapeut ein in sich ruhender, gelassener und besonnener Mensch sein muß. Nur dann heilt er *unmittelbar durch seine Persönlichkeit;* und das ist wirksamer als seine "Deutungen und Konstruktionen".

Man kann das Heilungsziel der analytischen Therapie auch so formulieren: Aus dem nervösen, unruhigen und "fieberhaften" Analysanden soll ein *ausgeglichener Mensch* werden. Diese Ausgeglichenheit muß sowohl ihm selbst als auch seinen Beziehungspersonen unverkennbar als Therapieerrungenschaft sichtbar sein.

Eustreß und Disstreß.

Wenn wir von Entspannung sprechen, dann ist natürlich in keiner Weise die "absolute Spannungsfreiheit" gemeint. Ohne Aufgaben und Anforderungen würde der Mensch ziemlich bald verkümmern. Er braucht *Belastungen*, um seine Fähigkeiten und Fertigkeiten auf Niveau zu halten. Eugen Bleuler hat mit Recht gesagt: *"Wenn Adam und Eva im Paradies geblieben wären, würden wir alle mehr oder minder schwachsinnig sein!"* So muß das menschliche Seelenleben ein *mittleres Spannungs-potential* aufrecht erhalten, damit der Mensch gesund und leistungsfähig bleibt. Man nennt das in der Fachsprache auch den *"Eustreß"*, d.h. Belastungsproben, die uns fordern, ohne uns zu erschöpfen.

Die andere Variante ist *Disstreß*, welcher langdauernde Anspannung hervorruft, die die biologischen und psychischen Ressourcen der Persönlichkeit strapazieren. Bei solchen Beanspruchungen wird hormonal und psychisch eine "Notfallfunktion" in Gang gesetzt. Man kann aber hierbei über einen gewissen Punkt hinausgehen, wo der Organismus sein *Gleichgewicht* verliert. Dann wird Angespanntsein zur Krankheitsursache, weil die "Stressoren" das biologisch-psychische Gleichgewichtssystem zum Zusammenbruch bringen. Seit Hans Selyes (1936) bahnbrechenden Forschungen sind auf diesem Gebiet wichtige Einsichten gewonnen worden.

Der überbürdete Mensch

Die Quellen des menschlichen Angespanntseins sind sowohl kollektiver als auch individueller Natur. Zunächst einige Bemerkungen zu den ersteren.

Der Mensch als das "nervöse Tier" par excellence könnte seine Verwandten im Tierreich oft um die Ruhe ihres Daseins beneiden. Wenn das Tier zu fressen hat, keine Feinde fürchten muß und nicht unter "sexuellem Druck" leidet, ist es für uns ein Vorbild von Gelassenheit und Ruhe. Man betrachte nur einen gut gehaltenen Hund, der sich im häuslichen Milieu wohlfühlt; er liegt bequem herum und will nur gelegentlich ein wenig gestreichelt werden.

Der Mensch hat seit jeher härtere Daseinsbedingungen. Wie es ihm in vorgeschichtlichen Zeiten erging, können wir nur spekulativ erraten. In den übrigen Phasen der Geschichte litt er wohl unter Herrschaft, Krankheit, Krieg und sozialer Ungerechtigkeit, aber sein Leben war *nicht dauernd* von Aufregung erschüttert.

Die Neuzeit hat uns zwar da und dort mehr gesellschaftliche Freiheit gebracht und die Angst vor Krankheit und materieller Not einigermaßen gelindert. Aber man kann nicht sagen, daß sie dem Menschen Ruhe und Entspannung beschert hat. Da wir in diese Lebensbedingungen von Kindheit an hineinwachsen, fällt es kaum noch auf, wie vielen *Ängsten, Unsicherheiten und Erregungen* wir ausgesetzt sind. Man denke nur an die Hetze und den Lärm im Alltagsleben, an die Beanspruchung im Beruf, an den Streß im Straßenverkehr, an die Unsicherheit der Zukunft usw.

Wahrscheinlich ist der moderne Mensch mehr Stressoren ausgesetzt als der abergläubische und ängstliche Homo medievalis. Darum hat die erfolgreiche Bekämpfung der Infektionskrankheiten z.B. keineswegs die *Morbidität und Mortalität* im gesamten maßgeblich verringert.

Wir erkranken derzeit eben an den Zivilisationskrankheiten und an den *psychosomatischen Leiden*, die vermutlich in den früheren Jahrhunderten seltener waren. Doch die kollektive Kondition humana können wir nur in langen Zeiträumen ändern (wenn überhaupt). Daher konzentrieren wir und auf individuelle Streßfaktoren, die jeder einzelne für sich bekämpfen kann. Unsere Erörterung kann und soll nur Hinweise auf diesen Bereich der Lebensgestaltung geben. Ähnlich wie Descartes sagte: *"Besser sich selbst als die Welt besiegen."*

Individualpsychologische Theorie der Anspannung

Tiere können entspannt leben, weil sie keine Minderwertigkeitskomplexe haben. Selbstverständlich gibt es mutige und kleinmütige Tiere (wie auch Menschen); aber ein konstantes und drückendes Gefühl der eigenen Minderwertigkeit wird man im Tierreich vergeblich suchen.

Schon die Natur hat dem Menschen ein Unzulänglichkeitsgefühl primärer Art mitgegeben, das allerdings noch nichts Pathologisches bedeutet. Im Gegenteil: Dieser Stachel, der dem Menschen im Fleische sitzt, treibt ihn an, Kultur und Lebenskompetenz zu erwerben. Nach Adler verdanken wir unseren Unzulänglichkeitsgefühlen einen Großteil der Kulturleistungen.
Wenn aber Gesellschaft, Erziehung, Umwelt und Lebensschicksal dieses "angeborene" Minderwertigkeitsgefühl vertiefen und verfestigen, dann entsteht daraus der oben genannte "Komplex". Er ist ein Zeichen dafür, daß kein Ausweg aus der Schwächeposition gefunden wurde. Wo der Minderwertigkeitskomplex Fuß faßt, entsteht *zwanghaftes Geltungs- und Machtstreben*, das auf Überlegenheit über die anderen Menschen hinzielt. Das *Gemeinschaftsgefühl* wird in seiner Entwicklung unterbunden. Auch die *Realitätseinfügung* mißlingt, weil der unsichere Mensch ständig zwischen Angst und Überlegenheitswunsch oszilliert. Seine Lebensorientierung ist nicht mehr *horizontal* (auf Menschen und Dinge gerichtet), sondern *vertikal*. Obenseinwollen ist die Hauptmotivation allen Denkens, Fühlens und Wollens.
Dabei geht auch ziemlich viel Unbefangenheit und Lebenszugewandtheit verloren. Der ängstliche Machttyp oder machthungrige Angstcharakter muß viel *Irreales* in sein Leben einbauen, damit er nicht durch die Wirklichkeit frustriert wird. Sie dringt aber doch in sein *Wahngebilde* hinein und beunruhigt ihn dauernd.
Auch das *Verhältnis zum eigenen Leib* wird durch die Lebensangst und ihre Kompensationsversuche sehr gestört. Man haßt den Leib und seine Bedürfnisse, wenn man ein Gott sein will. Darum die mannigfaltigen "asketischen Haltungen", die man bei Neurotikern und anderen Seelenkranken findet.

Nach Adler kann nur der *Gemeinschaftsmensch* entspannt und ruhig im Leben stehen. Er ist kein Prestigepolitiker und muß deshalb vor den Mitmenschen weniger Angst haben. Er macht seine Rechnung mit der Realität und schmollt nicht, wenn "seine Blütenträume nicht reifen".

Was wir Echtheit und Wille zum Schein oder Ruhe und Unruhe
Was wir soeben festgestellt haben, kann man mit anderen Worten auch so sagen: Der Mensch mit integrer Selbstachtung und gesundem Selbstwertstreben kann fast immer und überall locker lassen, weil er nicht *prestigeorientiert* ist und kein *Plusmacher* sein will. Er begreift das Leben als ein Auf und Ab oder eine Abfolge von Siegen und Niederlagen; der Gedanke, daß er den anderen ständig imponieren oder über sie triumphieren muß, ist ihm fremd. Darum benötigt er kein angespanntes Streben. Er ist in der Wirklichkeit verankert und weiß um ihre meist traurigen Bedingungen, die ihm oft einen Strich durch die Rechnung machen werden. Seine *Erwartungen und Wünsche* sind nicht riesig und vor allem auch nicht starr; sie können jedoch jederzeit abgeändert werden.

Es ist wiederum der Gemeinschaftsmensch, der zu einer solchen *Echtheit und Unverfälschtheit* befähigt ist. Er ist kein *Zehenspitzengänger* und kann darum weit gehen. Auch *Lampenfieber* braucht er nicht, weil er keine "Starrolle" spielt. Wenn er eine Leistung erbringt, denkt er nicht an den Applaus und an den Ruhm, sondern "an die Sache". Warum sollte er da fiebern? Adler sagte einem Menschen, der bei öffentlichen Auftritten an Angstanfällen litt, man könne eben nicht zwei Hasen gleichzeitig jagen: Etwas Gutes zustande bringen und "groß rauskommen". Wer sich auf das "Guttun" beschränkt, wird nicht nur tüchtige Arbeit leisten, sondern auch, wenn er Glück hat, genug Anerkennung erlangen ohne es zu wollen.

Fast jeder Neurotiker ist ein *Selbstdarsteller* und ein *gewiefter Star*, der vor allem mit seinen Symptomen und Scheindarbietungen die Umwelt in Atem hält. Nur zeigen sich dabei *keine konkreten*

Resultate. Diese werden durch den "Krankheitsbeweis" als unmöglich hingestellt.
Das *scheinhafte Getue* lernt der Patient meistens schon als Kind im Elternhaus. Dort findet er überwiegend angespannte Menschen, die eine "nervöse Ehe" führen und ständig in einem verlustreichen "Kampf mit dem Schicksal" stehen. Wie sollte man da nicht auch zu, "Schattenboxer" werden! Die Psychotherapie entlarvt solche Pseudoaktivitäten, die *viel Lärm um nichts* bedeuten. Sie führt den Menschen zur Echtheit zurück und zur Erkenntnis, daß ein "kleines Gärtchen auf der Erde mehr ist als ein Landgut auf dem Mond."

S. Freud und die Theorie der Anspannung im Seelenleben

Ein so feiner Beobachter der Psyche wie Freud konnte natürlich das Phänomen der Spannung im normalen und neurotischen Dasein nicht übersehen. Tatsächlich sind vor allem seine frühen Schriften eine Fundgrube zur Klärung unseres Problems.
Freud hat bekanntlich das *Rätsel des Traumes* eindrücklich zu klären versucht. Seine Lösungsvorschläge sind mannigfaltig: Der Traum ist der Hüter des Schlafes; er erfüllt infantile Triebwünsche; er konfrontiert uns mit dem verdrängten Vergangenen usw. Ein weiterer Aspekt ist, daß er einen "rezenten Anlaß" verarbeitet. Ein *Erlebnis des Vortages* erweckt *Reminiszenzen aus der Vor- und Triebgeschichte des Träumers*: so kommt der Traum zustande.
Aber warum träumt man überhaupt? Weil der "Tagesrest" nicht erledigt wurde und eine Anspannung im Seelenleben des Schläfers hinterließ. "Man träumt entweder gar nicht", sagt Lichtenberg, "oder interessant." Ohne Bedrängnis kein Traum, und seine "Betriebsenergie" ist das Angespanntsein, das aus tieferen Seelenschichten kommt.
Auch die "Fehlleistungen" können nur zum Zug kommen, wenn wir vor einer *Aufgabe* stehen, die uns *unruhig und nervös* macht. Versprechen, Verlegen, Verschreiben, Vergessen, Symptomhandlungen usw. sind ein Zeichen dafür, daß die Seele in *übermäßiger Vibration* ist und zu keiner ruhigen oder zielsicheren Handlung gelangt. Darum kann man aus Fehlleistungen

entnehmen, wo die *Unsicherheiten eines Menschen* liegen. Man sagt nicht zuviel, wenn man sie als Symptome einer versteckten Pathologie beschreibt.

Hinter all diesen von Freud untersuchten "Funktionsentgleisungen" steckt das *Verdrängte,* das *nicht anerkannte Seelische* oder die *Triebe*, die wir nicht zum Bewußtsein zulassen. Nun ist aber das Bestehen von Verdrängungen sozusagen eine *Zweiteilung der Person*, die sich ein "inneres Ausland" zulegen muß, weil das Ich nicht dazu erzogen wurde, seine Kreatürlichkeit zu akzeptieren. Verdrängung heißt also: *Leben auf einem inneren Vulkan*, der jederzeit ausbrechen kann. Das geht ohne dauerndes Gespanntheit nicht ab. Zwar schafft man sich zumeist ein Ventil in den *neurotischen oder psychosomatischen Störungen*, die diese Spannung ein wenig neutralisieren. Aber jeder Neurotiker ist im tiefsten Inneren "gespannt wie eine Feder".

Der späte Freud brachte diese innere Zerissenheit und Gespanntheit mit dem *rigiden und lebensfremden Überich* der Patienten in Zusammenhang, die nicht wahrhaben wollen, daß sie Menschen mit Trieben und Untugenden sind. Eine Hauptaufgabe der Therapie liegt darin, daß harte Überich *mild und weich* zu stimmen; am ehesten so, daß die uralten "Elternimagines" mit ihren lebensfremden Forderungen durch den Analytiker ersetzt werden. Aber heißt das nicht, daß man den Analysanden zur entspannt und vorurteilsfrei gestalteten Lebensführung anleitet? Am Ende einer Psychotherapie soll der Patient trotz all seiner Schwächen und Unzulänglichkeiten ruhig und heiter durchs Leben gehen. Er hat bei seinem ärztlichen Mentor ein Maß von Spannungsfreiheit erlernt.

Angespanntsein und Lebensphilosophie.

Unter noch umfassenderen Horizont kann man unsere Thematik sehen, wenn man sie in die moderne Philosophie einordnet. Vor allem die Lebensphilosophie von Henri Bergson verschafft uns Konzepte, die tiefgründigen Einblick gewähren.

Bergson ging u.a. von der Entwicklungslehre aus, wonach zwischen allen Tierarten ein evolutionärer Zusammenhang besteht. Aber was ist der Motor dieser Gesamtevolution? Nach Darwin sind Mutation und Selektion die Motoren des Artwandels. Bergson jedoch nimmt eine *urtümliche Lebensschwungkraft* an, die mit einem ungeheuren Elan die Materie zu Lebensformen organisiert und zur Höherentwicklung antreibt. Im Menschen wird der Elan vital vergeistigt, er bekundet sich als *Intuition*. Wo letztere aber nur kümmerlich ausgebildet wird, macht sich lediglich der *Intellekt* breit, der überwiegend Selbstbehauptung anstrebt. Die Intuition jedoch ist Verstehen des Lebendigen, unendliche Anpassungsbereitschaft und "geistigen Sein".
Intuition heißt auch: *Situationsverständnis, Takt, Feinsinn, Vernunft, Dialog* und *Hingabe an die Welt*. Der Intellekt jedoch ist im großen und ganzen nur "Wille zur Macht". Zwischen diesen Antagonismen spielt sich das Menschenleben ab. Die Mehrheit der Menschen "intellektualisiert" und hat daher wie Bergson meint eine "Verständnislosigkeit für das schöpferische Dasein".
Die Brücke zu unserem Problem ist nun leicht zu schlagen: Wie auf der Stufe des animalischen Lebens der *Instinkt* ein ruhiges und sicheres Funktionieren gestattet, ist auf menschlicher Ebene die *Intuition* das Lebenselement eines *entspannten und produktiven Seins*. Hier lebt und denkt man im "Lebenszusammenhang". Ist dieser aber verloren gegangen, dann "vernünftelt" man und entbehrt dennoch jeglicher Vernunft. Die Frage ist: Wie kann der angespannte, denkbehinderte und gefühlsgehemmte Mensch zur Intuition erzogen werden? Wie lernt man intuitives, gelockertes und gelassenes Verhalten, das im Lebensimpuls selbst verankert ist und geistig überhöht werden soll?

Auf zwei Wegen findet der Mensch den Zugang zur "lebendigen Geistigkeit" oder zur *vergeistigten Lebensführung*. Er muß in sich hineinhorchen lernen, um die Bedürfnisse und Strebungen seines Leibes wahrzunehmen. Sodann muß er den "geistigen Aufschwung" wagen, wodurch er der Vernunft teilhaftig wird. Das

Wort "Vernunft" kommt übrigens von "vernehmen"! Die Psychotherapie muß offenbar beide Gesichtspunkte im Auge behalten. Ist sie erfolgreich, dann verstärkt sie die Kontakte des Ich zu seiner Leiblichkeit, zu seinen Trieben, Wünschen und Notwendigkeiten. Sodann aber hat sie eine emminent geistige Aufgabe: Sie soll durch Aufarbeiten von Lebensgeschichte, aktueller Situation und Zukunftsentwürfen den inneren Zusammenhang des Lebensganzen festigen und seine "Zeitgestalt" (Einheit von Vergangenheit, Gegenwart und Zukunft) sichtbar machen. Das ist ohne eine *Auseinandersetzung mit der Kultursphäre* nicht möglich. Am Ende einer Psychotherapie muß sich der Patient seiner Kulturaufgaben bewußt sein und die Fähigkeit erworben haben, im sozial-kulturellen Kontext fruchtbar zu agieren. Gelassenheit bedeutet, aus dem Elan heraus vitale leben und handeln. Aber der Weg in die Tiefen des Leibes wird nur gefunden, wenn man nach oben ins Geistige hinauf wächst. Es ist wie bei den Bäumen auch: Je höher der Gipfel in den Himmel strebt, umso tiefer gründen die Wurzeln im Erdreich. Nicht alle Formen der Psychotherapie beachten dieses Grundgesetz; vor allem Modeströmungen wollen ganz kurzschlüssig die "Tiefenperson" aktivieren, ohne den Geist zu fördern.

Halbe und ganze Entspannungstherapie

Da Entspanntsein und psychische Gesundheit so sehr zusammenhängen, kann es uns nicht verwundern, daß es diesbezüglich vielfältige Therapiemethoden gibt. Es ist aber fraglich, ob diese viel ausrichten können; unserer Meinung nach gibt es auf dem "Psychomarkt" so manche Modeerscheinungen, die durch Werbewirksamkeit der Autoren eine kurzfristige Berühmtheit erlangen, aber hernach mit Recht im Orkus der Vergessenheit verschwinden.

Eine ehrwürdige Methode scheint das *Yoga* zu sein, das auf hinduistische Meditationspraktiken zurückgeht. Es handelt sich um ein System der *konzentrativen Selbstentspannung* mit teilweise ziemlich vernünftigen Vorgehensweisen. Der Adept soll zur Beherrschung von Leib und Seele angeleitet werden. Zu diesem

Zwecke muß er sittliches Wohlverhalten üben, sich innerlich und äußerlich reinigen und in bestimmten Körperhaltungen seinen Atem, seine Beziehung zu sich und zur Welt, sein Denken usw. regulieren. Es besteht kein Zweifel, daß geübte Yogis viel Macht über ihre vegetativen Funktionen, über den Muskeltonus, die Körperempfindungen erlangen. Daher wird das Yoga auch bei uns im Westen von Psychotherapeuten als Heilfaktor eingesetzt. C.G. Jung z.B. hatte viel Sympathie für diese östliche Praktik, warnte aber davor, derlei unbesehen auf den westlichen Menschen anzuwenden.

Eine Art Abwandlung von Yoga stellt das *autogene Training* dar, welches J.H. Schultz zu einer "autohypnotischen Methode der konzentrativen Selbstentspannung" entwickelt hat. Schultz leitete seine Patienten dazu an, durch *stufenweise erlernbare Entspannungsübungen unter ärztlicher Aufsicht* tiefgreifenden Einfluß auf das Körpergeschehen zu nehmen. Dabei sollen Spannungen im Organismus abgebaut werden. Der Patient wird ruhiggestellt und erlebt die Körperschwere, die Körperwärme, die Atmung, den Herzschlag usw. Wer geduldig und sorgfältig übt, kann mit der Zeit tatsächlich viele biopsychische Funktionen kontrollieren und abändern. Schultz sah in seiner Methode auch ein Instrument der *Selbsterziehung und der Psychohygiene*. Unzählige Menschen in aller Welt werden mit dem autogenen Training behandelt. Die Erfolge scheinen gut zu sein, vor allem dann, wenn die Beziehung zum "Versuchsleiter" gut und tragend ist.

Wir sind nicht kompetent genug, um über das Yoga, das autogene Training, "Bio-feedback" und ähnliche Methoden zu urteilen. Aber der Verdacht drängt sich uns auf, daß es sich hierbei um "halbe Entspannungstechniken" handelt, die keinen *Aufbau der Persönlichkeit* zustande bringen, sondern nur an der *Peripherie der Person* wirksam sind. Man kann gewiß unruhige Patienten mit solchen Techniken vorübergehend ruhigstellen. Da aber keine echte geistige Veränderung stattfindet, wird der oberflächlich entspannte Mensch unter dem Druck der Lebensanforderungen und seiner Fehlhaltungen bald wieder angespannt sein.

Psychotherapie im Sinne der Tiefenpsychologie will nicht nur entspannen, sondern fundamentale *Erkenntnis und Wandlung* vermitteln. Indem der Analytiker mit seinem Analysanden dessen Lebensgeschichte, seine innere und äußere Situation, sein Fühlen, Denken und Wollen, seine Weltanschauung und seine Charakterposition durcharbeitet, strebt er mehr und besseres an als die raffinierten Entspannungstechniker, die dem Glauben huldigen, daß man *Tricks und Techniken* viel zur "Menschwerdung des Menschen" beitragen kann. Was ist damit gewonnen, wenn ich die Schwere meiner Muskeln, die Wärme meines Körpers, das Pulsieren meines Blutes und meiner Atmung verspüre?

Wir meinen, daß das nur ein *Schmalspurprogramm* ist, das den Menschen über seine eigentliche Aufgabe und Entwicklungsmöglichkeit hinwegtäuscht. Man muß Geist haben oder entfalten, wenn man in den Bedrängnissen des Alltags ruhig und entspannt bleiben will. Inneres Gespanntsein ist nicht nur falsche vegetative Gewohnheit, sondern auch ein *schiefer Aufbau der Persönlichkeit*, ein "nervöses Denk- und Verhaltensmuster". Ohne "Metanoia" (Geisteswandlung) kann man solche mit der Persönlichkeit "verwachsene" Fehleinstellungen nicht überwinden. Man muß *ein anderer Mensch* werden, wenn man aus Gespanntsein zur Entspannung übergehen will.

Das ist wohl auch für die *psychogene Schmerztherapie* wichtig. Nahezu alle Experten auf dem Gebiete der psychologischen Schmerzbekämpfung sind sich darüber einig, daß der Patient entspannt sein muß, um den Schmerz in den Griff zu bekommen. Falsch ist es, wenn man diese Entspannung *nur durch Medikamente* bewirken will. Wir plädieren für den Erwerb eines "geistigen Verhältnisses" zum Leben und zum Schmerz: wir möchten den Schmerzpatienten durch "Lebensphilosophie" heilen.

Streß-Belastungen: Bedeutung, Auswirkungen und Möglichkeiten der Verminderung

Reinhard Tausch

Zusammenfassung

Streß-Belastungen werden als eine körperlich-seelische Reaktion gesehen. Sie treten immer dann ein, wenn eine Person einen Reiz - ein Geschehen in der Umwelt oder/und bei sich selbst als beeinträchtigend für das Wohlbefinden, schädigend oder bedrohlich bewertet - wahrnimmt.

Die Bedeutung und Auswirkung von Streßbelastungen auf die seelische und körperliche Gesundheit werden dargestellt. Sodann werden die wesentlichen Möglichkeiten zur Verminderung von Streßbelastungen erläutert: Änderung von Bewertungen-Kognitionen, körperlich-seelische Entspannung und lösungs-orientierte Handlungen zur Umgestaltung von Situationen.

In den letzten zehn Jahren habe ich mich intensiv den Streßbelastungen sowie den Möglichkeiten ihrer Verminderung zugewandt. Anlaß waren meine persönlichen Schicksals-Erfahrungen:

Meine Lebensgefährtin Anne-Marie erkrankte an Krebs; und ich erlebtebei ihr mit, wie sie vieles unternahm, um trotz der medizinischen Behandlungsprozeduren und den körperlichen Einschränkungen seelisch gesund zu bleiben. Nach ihrem Tod fünf Jahre später erlebte ich bei mir selbst, wie wichtig es war, seelisch für diesen schweren Lebensstreß des Verlustes des Partners gerüstet zu sein und mir selbst mit Unterstützung anderer helfen zu können. Danach wurde mir zunehmend große allgemeine Bedeutung von Streßbelastungen und hilfreichen Bewältigungsformen klar. Ich führte zusammen mit Diplomanden und Doktoranden des Instituts etliche Untersuchungen über Streßbelastungen und Formen ihrer Bewältigung durch; ferner machte ich mich vertraut mit den theoretischen Annahmen und

Untersuchungsbefunden amerikanischer Psychologen. Um anderen Menschen bei Streß und Belastungen zu helfen, schrieb ich das Buch *"Hilfen bei Streß und Belastungen"*, eine verständliche klare motivierende Zusammenstellung der Wirkungsweise von Streß-Belastungen und vor allem der Bewältigungsmöglichkeiten.

Im folgenden möchte ich in kurzer Form die wesentlichen Aspekte zusammenfassen.

Zur Bedeutung von Streßbelastungen

- Die seelische Lebensqualität vieler Menschen wird häufig durch Streß-Belastungen eingeschränkt, sowohl im privaten als auch beruflichen Bereich. Die Einschränkungen finden sich bei fast allen Bevölkerungsgruppen: Schüler, Studenten, Mütter, Angestellte-Arbeiter, Ärzte, Unternehmer, Senioren.

- Seelische Streßbelastungen sind verbunden mit deutlichen körperlichen Vorgängen. Diese führen bei häufigem Streß und weiteren ungünstigen Bedingungen zu vegetativen Erkrankungen, Herz-Kreislauf-Erkrankungen, Erkrankungen des Magen-Darm-Traktes u.a.

- Bestehende körperliche Erkrankungen werden durch deutlichen Streß ungünstig beeinflußt.

- Schwere körperliche Erkrankungen - auch wenn sie sich unabhängig von Streßbelastungen entwickelt haben wie z.B. Krebserkrankungen oder Polyarthritis - haben oft durch die Einschränkung der Gesundheit Streßbelastungen zur Folge.

- Häufige und/oder schwere Streßbelastungen können zur Entwicklung, Auslösung und Aufrechterhaltung von seelischen Erkrankungen (z.B. Depression, Angstzustände, Psychosen) beitragen.

- Eingetretene seelische Erkrankungen, z.B. Angst- oder psychotische Zustände, haben stärkere Streßbelastungen zur Folge, und erschweren die Therapie seelischer Erkrankungen.

Aus diesen Gründen ist die Streßverminderung bei den meisten Menschen sehr wichtig, sowohl im Privaten als auch im Arbeitsbereich. Allmählich sehen manche Betriebe diesen Sachverhalt klarer, auch ihre Verantwortung für die seelisch-körperliche Gesundheit der bei ihnen Arbeitenden, auch aus Gründen eines angemessenen Betriebsklimas und Verminderung von Ausfällen.

Wahrscheinlich wird in den Schulen diese Entwicklung eine längere Zeit brauchen, obwohl die Leistungsfähigkeit der Schüler durch Streßverminderung erhöht wurde. In der Psychotherapie und in der Psychiatrie wird die Bedeutung von Streß und die Notwendigkeit der Verminderung allmählich erkannt; erfreulicherweise bieten Krankenkassen zunehmend mehr Kurse, Seminare hierzu an.

Sehr erfreulich ist:

- Nach einer gewissen Anleitung tritt die alltägliche Selbsthilfe des einzelnen in den Vordergrund.
- Streßverminderung ist weitgehend unabhängig vom sog. Bildungsstand; die einzelnen Möglichkeiten sind gut einsehbar und werden in ihren Auswirkungen unmittelbar erfahren.
- Die verschiedenen Streßverminderungsmöglichkeiten sind wissenschaftlich - empirisch und theoretisch - gut erforscht, etwa auch hinsichtlich der physiologischen Auswirkungen.
- Der einzige Nachteil mag für manche Psychotherapeuten, Ärzte, Professoren und Lehrer sein: Die einzelnen Streßverminderungsmethoden sind relativ klar, gut strukturiert, haben trotz ihrer tiefen Auswirkung auf körperliche Vorgänge nichts Geheimnisvolles oder "Tiefenpsychologisches" an sich. Und: Bei einer Anwendung bei Klienten-Patienten in therapeutischer Praxis oder Forschung ist es notwendig, daß

die Therapeuten, Trainer und Forscher selbst in ihrem eigenen Leben diese Methoden verwirklichen.

- Die Möglichkeiten, Methoden der Streßverminderung sind sowohl für die Rehabilitation eingetretener Schäden als auch zur Prävention möglicher Schäden geeignet.

Was sind Streß-Belastungen?

Streßbelastungen treten immer dann ein, wenn wir etwas bei uns selbst und/oder in der Umwelt als bedrohlich, beeinträchtigend oder schädigend für unser Wohlbefinden wahrnehmen, bewerten, einschätzen.

Das ist mit folgenden seelischen Folgen verbunden:

*Gefühle:*Erregung-Spannung-Ärger-Wut-Angst-Enttäuschung-Resignation u.a.

Gedanken: Schnelle, immer wiederkehrende Gedanken über die Gefährdung-Beeinträchtigung. "Werde ich es schaffen?" - "Es ist zu schwer!" - "Es wird schlimm ausgehen!"

Körperempfindungen: Schnelleres flacheres Atmen, Herzklopfen, schnellerer Puls, Schweißausbruch, Verspannung u.a. Nach einiger Zeit: Erschöpfung, Müdigkeit.

Verhalten und Handlungen: Hastiger, planloser, Neigung zu Radikalität, Aggressivität, Unentschiedenheit, Rückzug-Flucht, unkontrollierte Nahrungsaufnahme, Rauchen, Alkoholkonsum.

Die körperlichen Auswirkungen von bedrohlichen Bewertungen-Gedanken der eigenen Person und/oder der Umweltsituation: Erregung-Alarmierung des Sympathischen Nervensystems, mit Zunahme von Puls, Blutdruck, Muskelspannungen, Veränderung des hormonalen Gleichgewichts (z.B. Adrenalin-Noradrenalin), schnellere flache Atmung, Zunahme des Blutfettes u.a.

Je nach Art und Länge der Streßbelastungen spricht man von *Alltagsstreß* und *Schwerem Lebensstreß* - die nachfolgenden Abbildungen verdeutlichen die wesentlichen Grundcharakteristika von Streß-Belastungen:

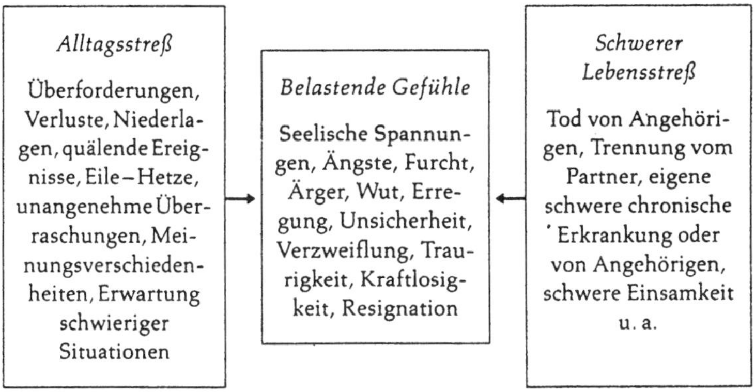

Seelische Belastung: Alltagsstreß und schwerer Lebensstreß beeinträchtigen deutlich das seelische Erleben, besonders das Fühlen.

Wie entstehen belastende Streßgefühle?

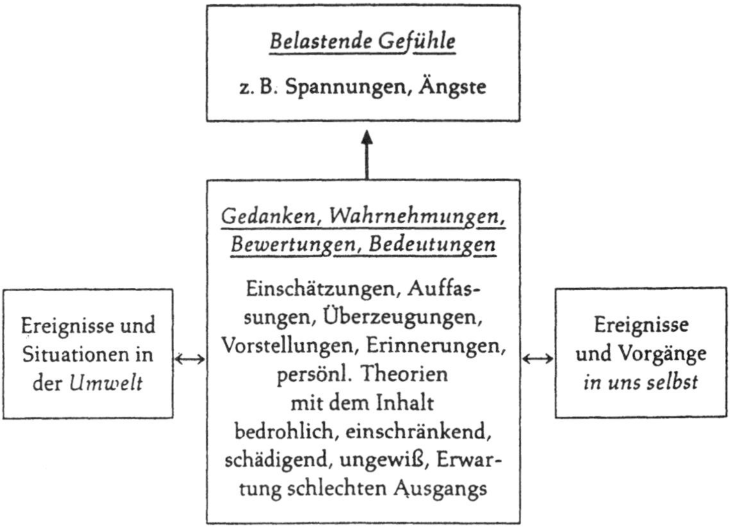

Gedanken, Bewertungen und wahrgenommene Bedeutungen über uns selbst sowie die Umwelt beeinflussen wesentlich unsere Gefühle. Nehmen wir etwas bei uns oder der Umwelt als bedrohlich oder schädigend wahr, so erleben wir Spannungen, Ängste u. a.

Die Auswirkungen bedrohlicher Gedanken-Bewertungen auf körperliche Reaktionen.

Von besonderer Bedeutung ist eine *große Häufigkeit von Alltagsstreß* (sog. Dauerstreß) sowie Länge und Intensität von *schwerem Lebensstreß*. Hierdurch können einige körperliche Auswirkungen chronisch werden, z.B. Bluthochdruck, flache-kurze Atmung, Muskelspannungen oder hormonales Ungleichgewicht. Dies führt dann zu körperlichen Beeinträchtigungen-Erkrankungen, kann sich aber auch sehr beeinträchtigend auf seelische Vorgänge auswirken, z.B. anhaltend flache-kurze Atmung, hormonales Ungleichgewicht oder chronische Muskelspannungen.

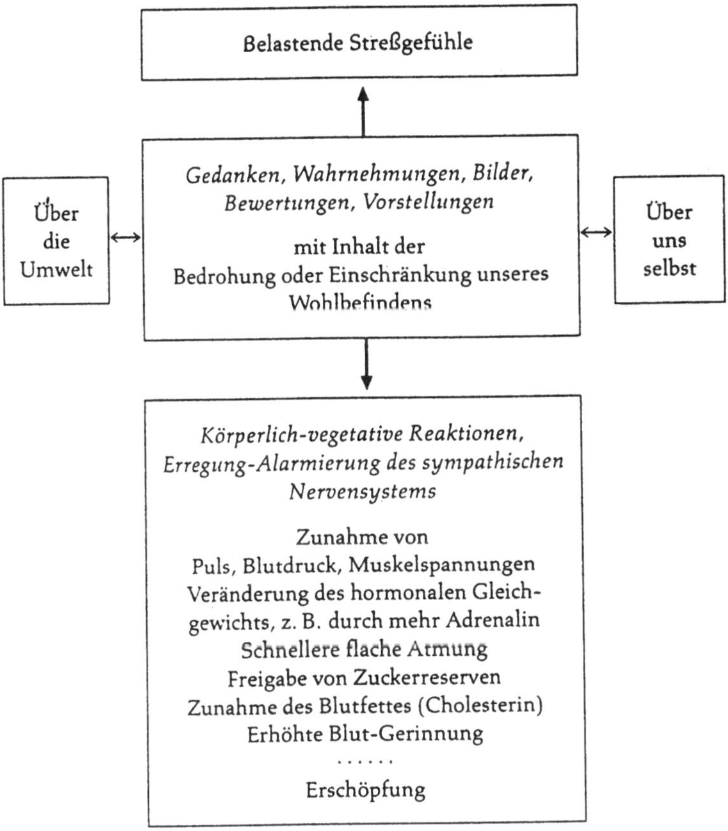

Die Auswirkungen bedrohlicher Gedanken-Bewertungen auf körperliche Reaktionen.

Möglichkeiten der Verminderung von Streßbelastungen

Seelisch-körperliche Streßbelastungen sind eine Antwortreaktion des Organismus auf bedrohlich wahrgenommene äußere oder innere Reize. Diese Antwortreaktionen sind änderbar, können neu gelernt werden.

Es gibt drei große Bereiche von Möglichkeiten:

I. Lösungsorientierte Handlungen zur streßfreieren Gestaltung von Situationen

II. Körperlich-seelische Ent-Spannung

III. Änderung von Bewertungen, Gedanken, wahrgenommenen Bedeutungen, Vorstellungen (Änderung von Kognitionen).

Durch Änderungen in diesen drei großen Bereichen können wir unmittelbar ein anderes Fühlen, geringere Belastung und günstigere Körpervorgänge erreichen. Die Änderungen werden gefördert durch

- angemessene Information über Streßvorgänge und Möglichkeiten derVerminderung
- motivierende Anleitung in Seminargruppen
- tägliches Training des einzelnen. Informierung und Anleitung kann stattfinden in den Praxen von Psychologen, in Gesundheitsseminaren der Krankenkassen, in Betrieben, Schulklassen u.a.

Wichtig ist:

- Die drei Bereiche - lösungsorientierte Handlungen, Ent-Spannung und kognitive Veränderungen stehen in Wechselwirkung. Werden wir z.B. entspannter, sehen wir eher andere Bedeutungen und können Schwierigkeiten leichter durch Handlungen vermindern. Und umgekehrt:

Können wir uns und belastende Situationen in anderer Bedeutung sehen, reagieren wir oft entspannter und angemessener.

- Die bisherigen Reaktionsweisen sind zu Gewohnheiten geworden. Wenn wir unsere Gedanken, unsere Erregbarkeit und unsere Handlungen ändern wollen, so bedeutet dies: Kleine bewußte Schritte sind notwendig, ferner Zeit; allmählich werden die neu gelernten Reaktionsweisen zu Gewohnheiten. Das Erlernen neuer Schritte ist relativ unabhängig von sog. Persönlichkeits-merkmalen. Jedoch ist das Erlernen von einem gewissen Ausmaß an Selbstdisziplin notwendig.

- Durch die Bewältigungs-Forschung (Coping-Forschung) wissen wir recht zuverlässig, welche einzelnen Bewältigungsformen vor, während und nach Belastungssituationen im allgemeinen mit einer gewissen Wahrscheinlichkeit hilfreich sind. Durch ein Angebot jeweils mehrerer Möglichkeiten kann der einzelne in Gruppen-seminaren oder in der Psychotherapie herausfinden, welche Form ihm am ehesten liegt, wo jemand den besten Zugang hat.

- Mit zunehmender Dauer der täglichen Praxis erhöht sich das Wohlbefinden, erfährt der einzelne nachdrücklich, daß er seine seelisch-körperliche Gesundheit günstig beeinflussen kann; das wirkt sich meist deutlich auf das Selbstkonzept, die wahrgenom-mene Selbstwirksamkeit aus.

Lösungsorientiertes Handeln zur streßfreieren Umgestaltung von Situationen

Eigentlich ist es naheliegend, daß wir bei Belastungen schwierige Situationen oder einige der äußeren Bedingungen ändern oder erleichtern. Doch ist es ein Untersuchungsbefund: Menschen in Streß- und Belastungssituationen reagieren eher emotional. Sie schimpfen, geben anderen die Schuld, klagen, ärgern sich, machen anderen Vorwürfe. So ergab sich auch, daß psychoneurotische Personen in Schwierigkeiten mehr emotional reagieren als seelisch sog. gesunde Personen. Deshalb werden lösungsorientierte Handlungen sehr erleichtert, wenn der Organismus weniger gespannt-erregt ist, was sich auch günstig auf Wahrnehmung und Denken auswirkt. - Einige Möglichkeiten, Situationen streßfreier zu gestalten:

- *Angemessene Planung von Zeit und Vorhaben* wurde in unseren Untersuchungen häufig als deutlich entlastend erfahren. Ein Tagesplan für den nächsten Tag - am Ende des vorangehenden Arbeitstages aufgestellt, mit einer Rangordnung des Wesentlichen und Zeit für kürzere entspannende Übergänge zwischen den Tätigkeiten führt bei vielen zur Verminderung von Streß-Hetze.

- *Suche nach sachlicher Information* wurde von verschiedenen Gruppen belasteter Menschen als hilfreich erfahren, z.B. von Krebspatienten, bei Beginn einer neuen Arbeitsstelle u.a. Allerdings: Die günstigen Möglichkeiten geeigneter Informationssuche werden von manchen wenig genutzt, da sie fürchten, durch genauere Informationen würden ihre Ängste und Belastungen anwachsen, sie würden erfahren, was alles auf sie zukommt, was sie nicht schaffen könnten u.a.

- *Lernen durch Erfahrung und Übung.* Eine neue wichtige Situation, die wir erst wenig kennen - ein Berufsanfang, eine neue Arbeit, der erste Flug, die erste Autofahrt allein in der Großstadt nach der Fahrprüfung - schätzen wir häufig als schwierig ein, erleben Spannung, Ängstlichkeit und Streßbelastung. 90 % unserer Befragten nannten Situationen, die für sie früher sehr streßbeladen waren, mit denen sie heute recht unbelastet umgehen. Dazu trugen Erfahrung, erworbene Routine und Lernen aus früheren Situationen bei. Deshalb ist es wichtig, daß wir uns in belastenden Situationen, etwa bei Fehlschlägen klarmachen: Was kann ich für die Zukunft daraus lernen? Was will und werde ich das nächste Mal besser machen? Ein derartiges lösungs- und handlungsorientiertes Denken vermeidet das Verweilen in negativen Gedanken und Gefühlen. Wir arbeiten nicht gegen Fehler, sondern für Lösungen und Verbesserungen.

- *Situations-Klärung und entlastende Änderungen.* Wenn wir Situationen, die für uns mit Bedrohung und Einschränkung verbunden sind, durch sachliches und kreatives Denken klären, dann können wir Schwierigkeiten besser bewältigen. Und: Unsere belastenden Gefühle vermindern sich. Eine gute Möglichkeit hierzu ist der Problemklärungsbogen. Wir schreiben auf einen Bogen Papier:

1. Die Situation, die Schwierigkeit, das Problem
2. Möglichkeiten der Verbesserung, der Abänderung der Situation. Was ist hilfreich für mich?
3. Auswahl und Entscheidung für die aussichtsreichste Möglichkeit.
4. Zeitplan für die praktische Ausführung. Was werde ich wann tun?

Ein derartiger Klärungsbogen hat nach unseren Untersuchungen auch in psychotherapeutischen Gesprächen günstige Auswirkungen.

- *Änderung äußerer Umweltbelastungen.* Manche Belastungen unseres täglichen Lebens werden mitverursacht durch die Lebens-umwelt, z.B. durch Verkehrslärm, Lärm, Schadstoffe oder Geruchs-belästigung in Betrieben, Werbung für die Droge Alkohol, für Nikotin oder massive Anregung zu Gewaltakten durch Inhalte des Fernsehens. Angesichts von 2,5 Millionen Alkoholabhängigen in Deutschland, ferner vielen Erkrankungen aufgrund des Alkoholgenusses oder etwa der Tatsache, daß 30 % der Krebserkrankungen bei Männern durch Rauchen bedingt sind, ist Werbung für Alkohol und Tabakgenuß ein deutlich schädlicher Umwelteinfluß. Ich sehe es für sehr wichtig an, daß bestimmte Berufs- und Bevölkerungsgruppen, z.B. Lehrer, Erzieher, Ärzte, Eltern massiv gegen derartige Umweltbelastungen einschreiten.

- *Streßverminderung in sozialen Beziehungen.* Ein Teil der Streßbelastungen im Alltag ergibt sich im Zusammensein mit anderen, mit Angehörigen der Familie, Freunden, Arbeitskolleginnen. Durch größere Entspanntheit-Gelassenheit in schwierigen sozialen Situationen, durch die Fähigkeit, mehr das Positive bei anderen zu sehen und das Negative nicht überzubewerten sowie durch ein Training in sozialer Kompetenz können diese Belastungen deutlich vermindert werden. Ja: Wenn wir durch unser Verhalten gute Beziehungen zu Familienangehörigen, Freunden und Arbeitskolleginnen herstellen und halten können, dann ist dies zugleich ein deutlicher Schutz gegen Streßbelastungen.

Körperlich-seelische Ent-Spannung

Immer, wenn wir Situationen, Ereignisse oder uns selbst als schwierig, beeinträchtigend oder bedrohlich einschätzen, wird unser Sympathisches Nervensystem aktiviert: Die Muskeln des Körpers spannen sich, die Atmung wird schneller und flacher, Puls und Blutdruck steigen, das hormonale Gleichgewicht verändert sich durch Anstieg von Adrenalin, Noradrenalin, Cortison u.a. Diese körperlichen Alarmierungsvorgänge sind eine biologische Reaktion des Organismus bei Bedrohung und Gefahr. Sie waren für unsere Vorfahren lebenswichtig; heute jedoch sind sie meist nachteilig, etwa bei Streßbelastungen im Verkehr, bei zwischenmenschlichen Konflikten in der Familie u.a. Oder: Bei Schachspielern in wichtigen Spielphasen oder bei Trainern während eines wichtigen Fußballspiels registrierten Ärzte starke Veränderungen in Puls, Blutdruck u.a., obwohl die Betreffenden "nichts zu tun hatten".Diese Aktivierung des Sympathischen Nervensystems erfolgt bei manchen Menschen häufig, etwa bei häufigem Alltagsstreß.

Diese körperliche Aktivierung hat seelische Folgen: Wir empfinden innere Spannungen, Erregung, Unruhe, Gereiztheit, Ängste u.a. Es besteht ein höherer gefühlsmäßiger Erregungszustand. Unsere Wahrnehmung, unser Denken, unser Gedächtnis und Bewußtsein sind eingeengt, beeinträchtigt. Unsere Wachsamkeit ist überwiegend auf Beeinträchtigendes, Bedrohliches und Negatives gerichtet.

Daneben hat die Aktivierung des Sympathischen Nervensystems *körperliche Folgebeeinträchtigungen* wie schmerzhafte Muskelspannungen, Kopfschmerzen, Schlafbeeinträchtigungen u.a.

Diesen körperlich-seelischen Erregungszustand können wir nach Belastungen rückgängig machen und - präventiv - durch ein tägliches Training vermindern: Wenn wir *einen* der körperlichen Vorgänge, die während oder nach Streßbelastungen durch das Sympathische Nervensystem aktiviert wurden, etwa die Muskelspannung oder die schnelle Atmung, normalisieren, dann normalisiert sich, vermindert sich die Erregbarkeit des ganzen Sympathischen Nervensystems; es vermindert sich der Blutdruck, die Hormonausschüttungen, es treten mehr Alpha-Wellen auf u.a.

Das ist das Faszinierende: Über die Normalisierung der Atmung oder über die Entspannung der Muskeln haben wir gleichsam einen Zugriff zum Sympathischen Nervensystem und können seine Überaktivität samt den körperlichen und seelischen Folgebeeinträchtigungen vermindern. Viele Menschen mindern die Erregung des Sympathischen Nervensystems während und nach Streßbelastungen durch Alkohol, Nikotin oder/und reichliches Essen. Das ist kurzfristig auch wirksam; jedoch langfristig mit schädlichen Folgen verbunden.

Wenn wir durch unser eigenes Verhalten die physiologischen Vorgänge der Ent-Spannung auslösen, durch Bewegungstraining, Atem- oder Muskelentspannung, dann ändern sich aufgrund der verminderten Aktivität des Nervensystems auch die seelischen

Vorgänge: Wir fühlen uns ruhiger, gelassener, können klarer denken und wahrnehmen, sind kreativer. *Körperliche Entspannung z.B. der Muskeln ist unvereinbar mit Angst und Streß.*

Die Vorgänge von Streß-Spannung und förderlicher Ent-Spannung habe ich in der folgenden Abbildung dargestellt:

Streß-Spannung

Zunahme von
Puls, Blutdruck, Muskelspannung
Veränderung des hormonalen Gleichgewichts, z. B. durch mehr Adrenalin
Schnellere flache Atmung – Freigabe von Zuckerreserven – Zunahme des Blutfettes (Cholesterin) – Erhöhte Blut-Gerinnung
......
Erschöpfung

Förderliche Ent-Spannung

Wenn ein Teilvorgang des alarmierten sympathischen Nervensystems normalisiert wird, fördert dies die Normalisierung des ganzen Systems.

Wirksam sind besonders:

- Muskel-Entspannung
- Atem-Entspannung
- Sanfte Hatha-Yoga-Übungen
- Bewegungstraining (langsames Laufen, Sport, Spiel)
- Autogenes Training
- Andere Entspannungsformen

Regelmäßiges Üben bzw. Trainieren führt nach einiger Zeit zu deutlich größeren körperlich-seelischen Auswirkungen. Die Effekte werden schon nach kurzer Zeit erreicht und halten länger an.

Falls Sie keine Zeit haben: 2 Minuten Entspannung ist besser als keine Entspannung

Die folgende Abbildung demonstriert die Auswirkungen von Ent-Spannung auf körperliche und seelische Vorgänge:

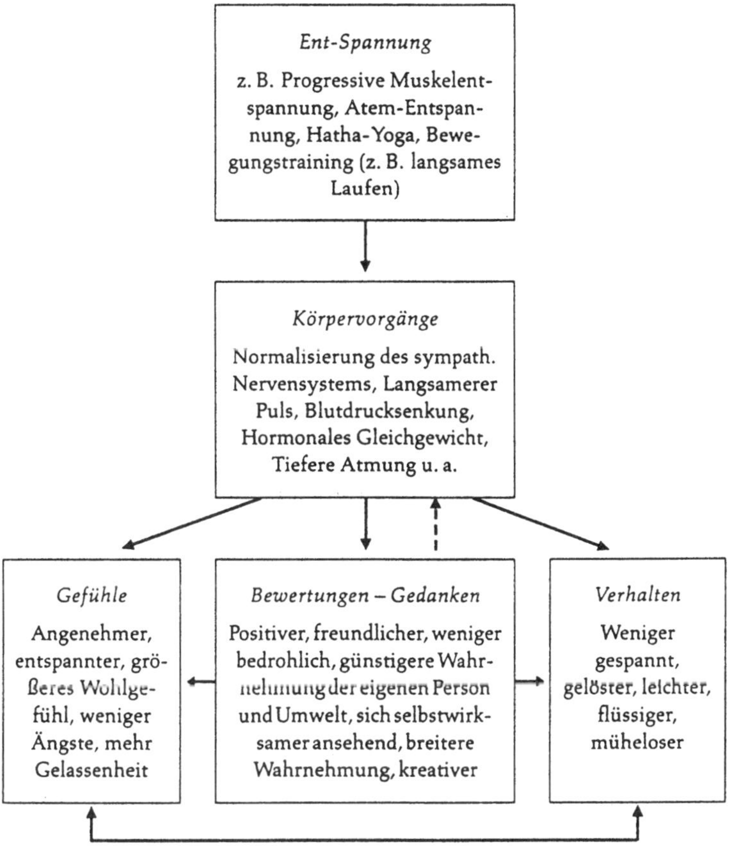

Ich kenne kein Vorgehen, das bei regelmäßiger Ausführung von täglich ca. 20 bis 30 Minuten so tiefgreifend körperliche Vorgänge, bewußte und sog. unbewußte seelische Vorgänge günstig und vielfältig beeinflußt wie Entspannungsübungen. Bei welchem psychotherapeutischen Vorgehen können wir innerhalb 10 bis 15 Minuten Änderungen des Blutdrucks, des Pulses, der hormonalen Balance und der Gehirnwellen herbeiführen, verbunden mit größerem Wohlgefühl, innerer Ruhe, weniger Chaos im Bewußtsein, größerer Klarheit der Gedanken? Zudem sind Entspannungsformen nach Anleitung und Einführung für jeden einzelnen selbst möglich, täglich, ohne Kosten. So erhält auch fast jeder Psychotherapie-Klient von mir eine Tonkassette mit einer ca. 30-minütigen einfach verständlichen Einführung in die Atem-Entspannung und - auf der Rückseite - mit einem ca. 10-minütigen täglichen Training. Am Ende einer Psychotherapiestunde mache ich meist mit dem Klienten gemeinsam eine Atem-Entspannung. Ein Teil der Klienten erhält zusätzlich eine entsprechende Kassette für Muskelentspannung. Ich denke, daß das tägliche Training meiner Klienten in Entspannungetwa 40 % des Psychotherapieeffektes bei den Klienten bewirkt; die Psychotherapie wird kürzer und ökonomischer.

Angemessene Ernährung: Weniger seelische Belastungen

Ich habe vorhin in der Aufstellung diesen Bereich der Verminderung von Streß-Belastungen nicht gesondert aufgeführt. Jedoch wird mir zunehmend klarer, daß viele seelische Belastungen mit unangemessenem Ernährungsverhalten zusammenhängen. Ein wesentlicher Faktor für körperliche Erkrankungen ist Art und Ausmaß des Ernährungsverhaltens. Und: Körperliche Erkrankungen bedeuten häufig seelische Streß- Belastungen.

Über- und Fehlernährung (zuviel essen, zu Fett essen, Falsches essen) verursacht mindestens ein Viertel aller körperlichen Erkrankungen, vor allem Herz-Kreislauf-Erkrankungen, Magen-Darm-Erkrankungen u.a. Die Kosten für die ernährungsbedingten körperlichen Erkrankungen fordern in der Bundesrepublik jährlich über 40 Milliarden DM.

Alkohol-Konsum: Die Krankheitskosten betragen jährlich hierfür 25 Milliarden DM. Und: 41.000 Verkehrsunfälle mit Personenschaden ereignen sich jährlich in Deutschland, bei denen mindestens ein Beteiligter alkoholisiert war. 25 % der Arbeitsunfälle stehen mit Alkohol in Zusammenhang. 75 % von Gewaltakten Jugendlicher, insbesondere auf Ausländer, geschehen im alkoholisierten Zustand.

Rauchen: Die Folgekosten des Rauchens für Herz-Kreislauf-Erkrankungen, Lungenkrebs, Bronchialkrebs u.a. betragen in der Bundesrepublik jährlich 22 Milliarden DM! Frauen, die niemals geraucht haben, müssen mit einem 30 % höheren Lungenkrebsrisiko rechnen, wenn sie mit einem rauchenden Partner zusammenleben.

Ein Teil dieses unangemessenen Ernährungsverhaltens steht mit Streßbelastungen in Zusammenhang. Im Zustand von Streß oder danach neigen Menschen dazu, zuviel oder/und ungünstige Nahrungsmittel zu sich zu nehmen. Wir essen weniger achtsam und kontrolliert.

Streßverminderung und tägliches Entspannungstraining sind ein wichtiger Faktor bei der Änderung des Ernährungsverhaltens. So konnte der amerikanische Medizinprofessor Ornish nachweisen: Bei Patienten mit koronarer Herzkrankheit, bei denen die Arterien deutlich verengt waren und bei denen innerhalb eines Jahres eine Bypass-Operation anstand, führte ein komplexes Programm zu einer Rückbildung der Arterienverengung, so daß eine Operation nicht notwendig wurde; bei der Kontrollgruppe dagegen nahm die Verengung weiter zu. Das Programm bestand aus Streßverminderungstraining, Atem-Entspannung, Yoga-Übungen, individuelles Bewegungstraining, psychologische Gruppengespräche; insbesondere letztere ermöglichten es den Teilnehmern, auf Fleisch, Koffein sowie Nikotin zu verzichten und Fett nur im Ausmaß von 10 % der Gesamtkalorien aufzunehmen. Diese Befunde wurden inzwischen von anderer Seite bestätigt.

Vitamine, Mineralien und Spurelemente (Mikro-Nährstoffe):
Längerdauernde seelische Belastungen, ferner ungünstige Ernährung, Erkrankungen u.a. haben Mangelzustände an Mikro-Nährstoffen zur Folge. Diese Mangelzustände im Gehirn wirken sich teilweise ungünstig auf seelische Vorgänge aus. Dank verfeinerter Untersuchungsmethoden im letzten Jahrzehnt wissen wir heute viel mehr darüber. Auch wenn etwa im Serum kein Mangelzustand nachweisbar ist, kann trotzdem ein Mangel an Mikro-Nährstoffen in den Zellen bestehen. Es zeigte sich etwa

auch: Personen, die einen Mangel an Mikro-Nährstoffen aufwiesen, hatten ungünstiger Werte in psychologischen Tests hinsichtlich des seelischen Wohlbefindens. Eine Verabreichung von Vitamin-Mineralpräparaten über acht Wochen durch die Ernährungspsychologische Forschungsstelle der Universität Göttingen führte in den Tests zu größerer Selbstsicherheit, gesteigertem Wohlbefinden, Verminderung der Nervosität u.a.

Förderliche Gedanken-Bewertungen-Auffassungen Entscheidend für ein streßfreieres Leben

Der andauernde Strom von Bewertungen, Gedanken, Bildern, Auffassungen und Überzeugungen in unserem Bewußtsein und - wenn wir etwa schlafen im Nicht-Bewußten - übt einen deutlichen Einfluß auf unser Fühlen, auf unser Verhalten und teilweise auf unsere körperlichen Vorgänge aus.

Ob wir beim Anblick eines Hundes Angst haben und ausweichen oder ob wir uns an der Begegnung freuen, ob wir uns bei einem Ereignis ärgern oder gelassen sind, ob wir vor Sterben und Tod große Angst haben oder nicht, das hängt davon ab, wie wir ein Ereignis, die Umwelt und uns selbst bewerten, welche Gedanken wir dazu haben, in welcher Bedeutung wir sie wahrnehmen.

Diese einflußreiche "Macht" von Bewertungen-Gedanken-Bildern auf Fühlen, Verhalten und teilweise auf körperliche Vorgänge können wir nutzen für ein gesünderes Leben. Wenn wir unsere Gedanken-Bewertungen entsprechend ändern, dann wirken sie sich günstig auf Fühlen, Verhalten und Gesundheit aus, statt wie bisher negativ. Das ist die entscheidende Möglichkeit, Streßbelastungen zu vermindern und unsere Gesundheit zu fördern.

W i e aber können wir unsere Gedanken-Auffassungen-Überzeugungen ändern, so daß sie sich auf uns günstig auswirken? Hierzu müssen wir gleichsam die "Rahmenbedingungen" schaffen. Denn von allein, nur mit dem guten Vorsatz oder mit der Zeit ändern sich Gedanken wenig.

Wesentliche Möglichkeiten sind:

Gespräche mit anderen
Sorgenvolles Grübeln und negative Selbstgespräche vermindern
Seelisch-körperliche Ent-Spannung
Von anderen, von Vorbildern lernen
Auseinandersetzung und Klärung der eigenen Erfahrungen
Offen sein für neue Erfahrungen und größere Bewußtheit
Mentales Vorstellungstraining im entspannten Zustand
Konfrontation mit anderen Schicksalen

Welche Gedanken-Bewertungen-Auffassungen sind wesentlich hilfreich bei der Lebensgestaltung? Entsprechend Untersuchungsergebnissen und den bisherigen Trainingsmöglichkeiten wirkt sich folgendes deutliche positiv aus:

Sinnerfahrungen, Geschehnissen oder Tätigkeiten einen Sinn geben
Engagement-Hingabe-Herausforderung
Religiös-spirituelle Auffassungen
Wertauffassungen, Ideale
Innere Bilder, Visionen
Loslassen und Annehmen der Realität
Sich selbst annehmen, seine guten Seiten sehen
Förderliches in Belastungen sehen
Das Gute-Positive sehen
Weniger beurteilen
Soziale Ziele haben

Es ist faszinierend zu sehen, wie bei Streßverminderungsseminaren sich durch geeignete Arbeitssituationen im Bereich der Gedanken- Bewertungen-Auffassungen eine "kognitive Umstrukturierung" vollzieht.

Dabei sind Kleingruppengespräche und Gespräche im Plenum des Seminars nicht nur ökonomisch, sie sind häufig wirksamer als mögliche Einzelgespräche.

Ausblick

Streß-Belastungen beeinträchtigen bei einem hohen Prozentsatz von Menschen zunehmend die seelische Lebensqualität und körperliche Gesundheit. Auf der anderen Seite: Es existieren geprüfte, angemessene und sinnvolle psychologische Möglichkeiten, diese Streßbelastungen erheblich zu vermindern und die körperlich-seelische Gesundheit zu fördern. Erfreulich ist: Die Selbsttätigkeit des einzelnen wird angesprochen - er ist keinem Experten ausgeliefert, die Einführung und die Anleitung sind zeitlich und materiell ökonomisch; wir können ferner hiermit Personen erreichen, die aufgrund ihrer sog. Bildung keinen Zugang zur Psychotherapie gehabt hätten. Ich nehme an und hoffe, daß die Methoden der Streßverminderung – Entspannungsformen, kognitive Umstrukturierung und Umgestaltung von Situationen - auch Eingang in der Psychotherapie finden und diese verändern.

Literatur

Reinhard Tausch (1993, 1. Aufl.) Hilfen bei Streß und Belastung. Reinbek: Rowohlt-Taschenbuch

Von der Eitelkeit des Managers

Georg Turnheim

Unsere Gegenwart wird vom Chaos, den unbekannten Ordnungen, geprägt. Ob es das Sparpaket ist, die Veränderungen der Europäischen Union oder des ostasiatischen Wirtschaftsraums durch eine plötzliche Neuorientierung Chinas, überall entstehen neue, unvorhersagbare Ordnungsstrukturen in einer Dynamik und globalen Ausbreitung wie es die Managergeneration von gestern nicht kannte. Gleichzeitig verändert sich durch den weltweiten Strukturwandel die Bedeutung der Produktivkräfte, sodaß gegenwärtig immer mehr nicht das Kapital und die Arbeit, sondern das Wissen die Wertschöpfung und damit den Gewinn eines Unternehmens bestimmt.

Geht man also von einem derartigen Paradigmawechsel aus, so ist es wichtig, um als Manager(in) Erfolg zu haben, zu prüfen, inwieweit die Methoden der Unternehmensführung der Vergangenheit, die wir heute anwenden auch für das Morgen ihre Gültigkeit haben. Die Methoden der Unternehmensführung werden einerseits von den vorherrschenden Denkmodellen (in unserem Falle der naturwissenschaftlichen Logik und Vernunft) und andererseits von der vorherrschenden Kultur und Ethik geprägt. Die zu Ende gehende Industriegesellschaft hat in der Formulierung des Aktienrechtes ein klares Bekenntnis zur Hierarchie und top-down-Macht abgelegt. Das Streben nach Macht und Gewinn ist somit legitim und anerkannt. Daher fühlt sich die Manager(in)-Eitelkeit als Triebkraft vieler machtorientierter Handlungen in so einem Umfeld sehr wohl.

Tritt jedoch ein Strukturwandel ein, wird der Unternehmensumsatz oder -gewinn nicht mehr vorhersagbar, ist die eigene Position jederzeit in Frage gestellt, kann man sich nicht mehr auf bewährte Regeln stützen, so entsteht jene Unsicherheit, wo die übertriebene Eitelkeit in Angst und Profilierungsneurosen ausartet und das auf das eigene Ich gerichtete Selbstgefühl zu Arroganz oder gar zum Narzißmus wird. Fehlentscheidungen häufen sich, das Unternehmen wird gefährdet. Die stark steigenden Insolvenzfälle sind ein deutliches Ergebnis dieser Managerfehler.

Der Übergang aus der Industriegesellschaft in die Wissensgesellschaft ist voll im Gange. Dieser Wandel vollzieht sich ähnlich dynamisch wie seinerzeit der Übergang aus der agrarischen Periode in die Industriegesellschaft, wo durch Einsatz neuer Produktivkräfte (Düngemittel, Traktoren, Mähdrescher, u.a.m.) nicht nur die Produktivität sprunghaft anstieg, sondern gleichzeitig auch ein grundsätzlicher Wandel der Gesellschaftsstrukturen stattfand. Beim Übergang aus der agrarischen Periode in die Industriegesellschaft sind unsere sozialen und demokratischen Gesellschaftsordnungen entstanden. Die Gewerkschaften wurden gegründet, aber auch die Raiffeisen- und Genossenschaftsstrukturen u. v. a. m. Heute beim Übergang in die Wissensgesellschaft verzeichnet die Industrie durch Einsatz von Informationstechnologien ebenfalls eine sprunghafte Produktivitätssteigerung, egal ob gerade eine Rezession oder Konjunktur herrscht. Diese Produktivitätssteigerung ist auch unabhängig von der jeweiligen Industriebranche. Ob in der Stahlindustrie oder Textilindustrie, ob in den Banken oder Versicherungen, überall finden in den verschiedensten Zweigen der Industriegesellschaft durch die neuen Produktionsmittel der Informationstechnologien überdurchschnittliche Produktivitätssteigerungen statt.

So wie in der 1. Hälfte dieses Jahrhunderts noch viele unserer Eltern und Großeltern Landarbeiter(innen) waren und die Söhne und Töchter dann Industriearbeiter(innen) wurden, so werden im nächsten Jahrhundert die Söhne und Töchter der gegenwärtigen Industriearbeiter(innen) Wissensarbeiter(innen) und nicht mehr Industriearbeiter(innen) sein.

Dieser allgemeine Übergang aus der Industrie- in die Wissensgesellschaft, der sich weltweit vollzieht, wird in Europa durch eine zusätzliche Entwicklung ergänzt, so daß das "europäische Chaos" des Wandels noch vielfältiger sein wird. Es ist dies der zusätzliche Umbau Europas zu einem gemeinsamen Markt mit einheitlichen Marktmechanismen bis hin zur einheitlichen europäischen Währung und dies für rund 800 Mio. Menschen. Dieser Umbau ist gleichzeitig verbunden mit dem Anwachsen der europäischen Staaten auf 50 bis 60 (vor 1990 waren es 32 Staaten), wovon die meisten unter 10 Mio. Einwohner haben werden. Dieses Europa mit einer Vielzahl ethnischer Strukturen und Sprachen, aber unter einer mehr oder weniger einheitlichen Struktur, die Kriege untereinander verhindern soll, ist ein historisch erstmaliger Vorgang, da weder die Vereinigten Staaten von Amerika, noch Japan oder China diese Vielfalt von ethnischen Kulturen und Sprachen aufweisen.

Da gleichzeitig zu vermerken ist, daß zwischen 60 und 80 % des Umsatzes europäischer Unternehmen, auch wenn sie global wirken wie ABB, Siemens oder GE/Alsthom in Europa erwirtschaftet werden, dann ist die Kombination des Überganges aus der Industriegesellschaft in die Wissensgesellschaft bei gleichzeitiger Globalisierung der Märkte und dem Umbau der europäischen Wirtschafts- und Staatsstrukturen für den europäischen Manager eine besondere Herausforderung. Die Eitelkeit der europäischen Manager und die Kosten dieser Eitelkeit sind gerade in diesem Umfeld zu betrachten. Bei Einsatz falscher Methoden, Unternehmensstrukturen und Manager-qualifikationen würden bedingt durch falsche Entscheidungen Kosten entstehen, die die Gesellschaft in diesem Wertewandel beim Übergang aus der Industriegesellschaft in die Wissens-gesellschaft zu tragen hätte und dies zum Nachteil der sozial Schwachen.

Management-Strukturen

Die Managementstruktur wird heute stark geprägt durch die Hierarchie, definiert als ein System der Unter- und Überordnung. Die Unternehmenshierarchie ist darüber hinaus verschärft durch die Herrschaft einer priviligierten Minderheit, nämlich der Vorstände und Geschäftsführungen, also einer Oligarchie. Oligarchien sind eine Brutstätte der Eitelkeit. Hierarchien und Oligarchien in der Industriegesellschaft legen besonderen Wert auf exakte Pläne, klare Organisationsstrukturen und exakte Kontrolle, wodurch viele Anweisungen vorwiegend in schriftlicher Form zur Gewährleistung dieser Ordnung und Kontrolle entstehen. Somit sind Hierarchien und Oligarchien mit Bürokratien eng verbunden.

Unsere Erfahrung zeigt aber, daß gerade in turbulenten Zeiten die Einhaltung von Dienstanweisung dazu führt, daß das System versagt. Die Einhaltung von Dienstanweisungen beim Zoll führt heute unweigerlich zum Zusammenbruch des Grenzverkehrs, die Einhaltung der Dienstanweisung beim Fluglotsen zum Zusammenbruch des Luftverkehrs und die Einhaltung von Dienstvorschriften in Unternehmen würden das Unternehmen schnell in die Verlustzone führen. Wir wissen aber auch, daß jede Oligarchie, die solche Dienstanweisungen beschließt und kontrolliert, sich selbst nicht daran hält, wissend, daß dies für ihre eigene Tätigkeit unsinnig wäre. Darüber hinaus schmeichelt es auch der eigenen Eitelkeit, wenn man Dienstanweisungen mißachten kann und andere sie auszuführen haben.

Die meisten Manager lieben die Hierarchie, weil sie damit einem Persönlichkeitszug nahekommt, nämlich dem Bedürfnis nach Aggression und Gewalt, vor allem der strukturellen Gewalt. Die Hierarchie wird deshalb geliebt, weil es schön ist, wenn man oben steht! Die Hierarchie vermittelt einem einerseits ein Gefühl der Anerkennung (das bis zum Lechzen nach Bewunderung ausarten kann) und andererseits kann man so schön mit der Macht spielen und somit eigene Kränkungen und Niederlagen auf Kosten Dritter ausgleichen. Da aber sogenannte "nackte Gewalt" primitiv ist, wird die Lust an der Aggressivität meist hintergründig, versteckt oder subtil ausgelebt.

Mit zum Genuß der Hierarchie ist die Befriedigung der Eitelkeit durch klare Rangordnungen. Diese Rangordnungen werden mit Titel und mit Geld dokumentiert. Der Wert des Geldes (man weiß genau, wer was verdient - Manager Magazine: die Rangordnung des meistverdienenden Managers, Gehalts-Umfragen von diversen Beratern und Managerorganisationen, u.a.m. stehen zur Verfügung). Je mehr man Geld verdient, je mehr man also einem Unternehmen kostet, desto mehr Wert hat man.

Je höher man in der Hierarchie oben steht, desto einfacher ist es auch, seine Eitelkeit zu pflegen. Je höher man in der Hierarchie steht, desto mehr Möglichkeiten hat man, Entscheidungen allein zu treffen; Entscheidungen über Strukturveränderungen, Investitionen oder Einstellung oder Entlassung von Mitarbeitern. Es gibt viele Beispiele von sogenannten "Präsident"-Projekten, wo zu Befriedigung der eigenen Eitelkeit der jeweilige Top-Manager des Unternehmens ein Projekt auf Kosten des Gesamtunternehmens weiterverfolgte, obwohl viele wußten, daß dies ein 100%iger Flop sein wird. Wehe jedoch jemandem, der dies dem Präsidenten plausibel machen wollte.

Die Hierarchie bietet dem Manager somit persönliche Sicherheit und Zufriedenheit. Top-Manager besitzen mehrjährige Verträge, Pensionszusicherungen, zusätzliche Unfall- und Krankenversicherungen u.a.m. Sie haben Macht, was ihre Eitelkeit zufrieden stellt und sie fühlen sich meist wie Kissinger, der sagte, "daß Macht und Ansehen (für ihn) ein Aphrodisiakum" sind.

Zurück zum Übergang aus der Industriegesellschaft in die Wissensgesellschaft, wo man aus der Erfahrung des Überganges aus der agrarischen Periode in die Industriegesellschaft auch die Schlußfolgerung ziehen kann, daß sich die Hierarchie in ihrer bisherigen industriellen Ausprägung verändern wird. Die Wissensgesellschaft wird auf offenen Netzwerkstrukturen aufgebaut, wo neben bestimmten Rahmenbedingungen auch ein wesentlicher Wertschöpfungsanteil durch Selbstorganisation entstehen wird. Damit unterliegt die industrielle Hierarchie dem Veränderungsprozeß zur Wissenshierarchie und die Oligarchie zur

Veränderung in Richtung der Polykratie, also verschiedenartigen und flexiblen Ordnungen. Der Top-Manager von morgen wird mehr Menschen führen, die ihren Job selbst organisieren und deren Produktivität man nicht im Griff hat, da sie selbstorganisatorisch abläuft.

Die Statussymbole der heutigen Eitelkeit wie das Auto, Flugzeug oder Handy werden einer Wissenseitelkeit weichen müssen, wo kulturelle Wissensvernetzung, das Wissen, wo Wissen vorhanden ist, und wie man dieses Wissen optimal poolen kann (Wissensattraktoren), gefragt sein werden. Die Wissenskompetenz hat viel mit der Fähigkeit zur Umsetzung von Intuition und Erfahrung zu tun.

Die Eitelkeit des Wissensmanagers wird auf die Selektion der Information und ihre Deutung gerichtet sein. Die Eitelkeit des Wissensmanagers wird darin bestehen, daß er im Mittelpunkt eines sich selbst organisierendes Netzwerkes ist und dies solange wie möglich, denn er wird wissen, daß diese Position vergänglich ist. Heute ist es genau umgekehrt.

Der in der Hierarchie stehende Manager bekämpft die informellen Netze, er nutzt sie nicht, und zwar aus jener Eitelkeit der Hierarchie heraus, die nur die vertikale Kommunikation und nicht die horizontale Kommunikation pflegt bzw. unterstützt.

Management-Methoden

Ein weiteres Element in der Pathologie der Hierarchie ist die Tendenz mit allen Mitteln den Irrtum nicht wahrhaben zu wollen und Unordnungen zu bestrafen. Das hierarchische Management versucht immer, ein starkes (und formales) Controlling aufzubauen und verlangt, daß exakte Pläne erarbeitet werden. In diesem Zusammenhang möchte ich Dürrenmatt zitieren, der in seinem Stück "Die Physiker" in etwa schrieb: "Je planmäßiger man vorgeht, desto härter trifft einen der Zufall".

Zur Pathologie der Hierarchie würde ich jene Vorstands- und Aufsichtsratssitzungen zählen, die als Geheimbundveranstaltungen abgehalten werden. Findet so eine Geheimbundveranstaltung statt, dann strahlt das jeweilige Haus eine eigenartige Stimmung aus. Alles bewegt sich fast auf Zehenspitzen, es werden genau gezählte Exemplare mit Boten verteilt, die Türen der Sitzungssäle sind schalldicht und nur ein ganz kleiner priviligierter Kreis von Auserwählten des Mittelmanagements darf "gnadenhalber" an solchen Sitzungen teilnehmen. Und dann erleben wir, daß Mitglieder des Vorstandes oder Aufsichtsrates bei einem Gläschen Wein fast jedem, der es hören will, in ihrer Profilierungsneurose all das erzählen und kommentieren, was angeblich so geheim ist oder war. Ich habe erlebt, daß Top-Manager bei entsprechendem Profilierungsbedarf sogar Mitbewerbern jenes ausgeplaudert haben, was angeblich so streng geheim war, daß es sogar die unmittelbaren Mitarbeiter nicht wissen durften.

Viele unserer Managerbesprechungen dienen der Befriedigung von Profilierungsneurosen und der Pflege sadomasochistischer Rituale. Wir kennen jene Managerbesprechungen, wo jeder der Reihe nach aus seiner Sicht, eingehend den Standpunkt erläutert und damit eine Problem- und Ursachenbeschreibung stattfindet, verbunden mit einer Profilierung der eigenen Personen und nicht - wie es notwendig wäre - einer Suche nach Lösungen. Wir kennen Managerbesprechungen, wo starke Persönlichkeiten schwache Persönlichkeiten anprangern, so daß der eine mit wahrhafter sadistischer Wonne sarkastische Bemerkungen über einen anderen Kollegen schüttet und dieser geduldig (hierarchiekonform) dies über sich ergehen läßt. Wir kennen die erniedrigende Notwendigkeit jedes Mal, wenn wir glauben, eine Gehaltskorrektur zu benötigen, fast auf allen Vieren wie zu einem Thron zum jeweiligen Chef gehen (kriechen) zu müssen, um gnädigst für die erbrachten Leistungen eine entsprechende Anerkennung zu erhalten. Wir kennen in der Hierarchie die Bedeutung von mächtigen Sekretariaten, die als eine Art "Wallschutz" der Macht aufgebaut sind. Nicht umsonst sagt man: "Je schwächer der Chef, desto stärker die Sekretärin". Wir kennen schließlich das Online-Prinzip der Hierarchie, daß nämlich alles nur eine Richtung hat - zum Chef -, in dem alle Mitteilungen, alle Informationen und alle Mitarbeiter nur eine Bewegungsrichtung haben dürfen. Die wöchentliche oder gar tägliche "Postbesprechung" ist so ein Hierarchie-Ritual.

Die Dynamik unserer Zeit, das Entstehen immer neuer Ordnungen, die wir vorher nicht kannten (also als Chaos bezeichneten), führt bei einem narzißtischen Selbstgefühl des Managers(-in) zu einer Kommunikationsblockade. Dieser Manager(-in) flüchtet sich in das Selbstgefühl, daß man alles selbst machen kann, machen will oder machen muß, denn man ist kraftvoll, von schnellem Auffassungsvermögen und entscheidungsfreudig. Dieser Manager(-in) wird als Meister rationaler Lösungsmechanismen und technokratischer Kommunikation plötzlich zur Gefahr für das Unternehmen.

In der Gegenwart ist das Wissen um das Entstehen neuer Ordnungen deshalb so wichtig, weil wir beim Übergang aus der Industriegesellschaft, wo deterministische Strukturen des Ursache-/Wirkungsverhältnisses dominierten, in eine neue Wissensgesellschaft wechseln, wo Nichtlinearität und dynamische Kausalität vorherrschen werden. Rationale Lösungsmechanismen und technokratische Kommunikationsstrukturen sind hier nicht erfolgsversprechend. Das Arbeiten in Hierarchien wird durch das Arbeiten in Netzwerken abgelöst, wodurch auch ein "Generationswechsel der Eitelkeit" stattfinden wird. Die mechanistische Eitelkeit, wie sie sich in den "technokratischen Statussymbolen" des besonders großen Autos oder des gestylten Büros manifestierten, wird abgelöst von der "Wisseneitelkeit", wo Gedankenspontanität, Kreativität und die schöpferische Zerstörung (im Sinne von SCHUMPETER) gefragt sein werden.

Das gegenwärtig (noch) Böse ist das Unberechenbare. Deswegen wird gegenwärtig alles berechnet, obwohl man eigentlich weiß, daß diese Berechnungen bereits in dem Moment falsch sind, in dem sie niedergeschrieben wurden, denn "die Zeit steht nicht still" (das gilt auch für das rund 22 Kilo schwere Budgetpaket der Regierung für 1996/1997 allein was die Annahmen zum Wirtschaftswachstum und damit Steuereinnahmen betrifft). Das Unberechenbare ist die unbekannte Ordnung, das "Chaos", das schlechthin Neue, also die Innovation. Die Innovation selbst ist der Grund unseres Strukturwandels. Besonders das Wirtschaftsgeschehen im Zeitalter der Jahrtausendwende wird durch Innovation geprägt. Die Manager(in)-Eitelkeit von heute lebt somit unter Hochdruck, unter Zeitmangel, unter Anpassungsdruck. Wehe einem Unternehmen, wenn ein übertrieben eitler Manager(in), quasi ein Narzißt(in), unter Hochdruck, bei Zeitmangel und aus Angst vor dem unvorhergesehenen Entscheidungen fällen muß!

Das Hauptproblem des Managers von heute somit ist das Umgehen mit der Komplexität, der Ungewißheit, der Unvorhersagbarkeit und Unvorhersehbarkeit. Jede Entscheidung betrifft heute ein wesentlich komplexeres Problem, was die Hierarchie im wesentlichen dadurch versucht zu lösen, daß sie Entscheidungen über eine oder mehrere Milliarden schnell und unbürokratisch löst, jedoch bei der Entscheidung über 100.000,-- öS nicht nur eine lange Diskussion im Vorstand stattfindet, sondern diese Entscheidung wird auch meist auf die nächste Sitzung verschoben. Da auch das Wissen wesentlich komplexer geworden ist und damit auch das Verstehen dessen, was in der Forschung und Entwicklung vor sich geht, immer schwieriger wird, entscheiden die heutigen Manager sich oft dafür, die Forschung und Entwicklung (Innovation) zu reduzieren und dafür lieber zu investieren. Jede Investition ist sofort wirksam, d.h. sie kann der Öffentlichkeit präsentiert werden und damit einen Machtzuwachs (Börsenkursanstieg) und natürlich eine Eitelkeitsbefriedigung erzielt werden.

Eitelkeit und imperiales Denken hängen heute oft zusammen, wodurch auch das Investieren in das Wachstum "in" ist.

Wachstum, daß zur Größe führen soll (mehr Marktanteile), daß zur Expansion (Globalisierung) und zur Risikostreuung (Diversifikation) beiträgt, ist für eitle und imperial-denkende Manager sehr verführerisch. Die sogenannten "Senkrechtstarter" unter den Managern, also jene, die in kurzer Zeit viel Erfolg erreichen, sind besonders gefragt und sie werden auch von der Öffentlichkeit mit dem Titel "Manager des Jahres" gern dekoriert. Dementsprechend groß ist die Ahnengalerie jener "Manager des Jahres", die innerhalb kürzester Zeit das Unternehmen in die Insolvenz oder Konkurs geführt haben.

Mit zu den heutigen Managementmethoden zählt das Ausleben der "Kostenphobie". Um im Wettbewerb beim Übergang aus der Industrie- in die Wissensgesellschaft zu bestehen, versuchen die meisten Manager durch Kostenreduzierungen (Re-engineering, Re-prozessing, u.a.m.) zu bestehen, egal, ob sie nun die Leute entlassen oder durch Verlagerung der Produktionen in Niedriglohnländer diesem Ziel näher kommen. Statt auf die Kreativität der eigenen Mitarbeiter und damit auf die Innovation, also die Erneuerung des Unternehmens in dieser Übergangsperiode zu setzen, versuchen viele Manager (Kostenphobie) ihre Mitarbeiter zu entlassen und reduzieren damit schlagartig das Erfahrungspotential ihres Unternehmens. Auch dafür gibt es bereits ein Schlagwort - Firmen Alzheimer, also den Verlust der kollektiven Unternehmenserfahrung. Nach einer Untersuchung der American Management Associations konnten weniger als die Hälfte jener Unternehmen, die seit 1990 Re-engineering einführten, ihren Gewinn und Produktivität erhöhen. Sie zerstören die eigenen informellen Netze im Unternehmen und damit die Zukunftschancen.

In dynamisch-turbulenten Zeiten, wo ständig neue Ordnungen entstehen, gibt es aus unserem Umfeld, der Natur abgeleitet, eine Reihe von einfachen, aber um so wirksameren Methoden dieser Ungewißheit zu begegnen. Da es dabei um nicht-lineare Prozesse geht, sind auch die Methoden nicht-linearer Art bzw. unterliegen sie nicht der linearen Ursachen/Wirkungsstruktur, sondern sind unscharf (fuzzy logic). Es sind dies einerseits die Anwendung der Selbstorganisation und andererseits die Anwendung des Spielens (des kreativen selbstdarstellenden Rollenspiels im Wirtschaftsgeschehen), des Denkens in Rhythmen und Zyklen und das Suchen nach fraktalen (selbstähnlichen) Strukturen.

Die Hierarchie verführt durch ihr Streben nach klarer Ordnung und exakter Kontrolle jedes Element des Systems - ob Mitarbeiter oder Profitcenter - dazu, für sich allein zu arbeiten und die vertikale Kommunikation wichtiger zu nehmen als die horizontale. Die Hierarchie verführt das Unternehmen durch ihre exakte Planung, Organisation und Kontrolle zu einer Spezialisierung, wodurch eine Kompetenzeinschränkung stattfindet. Im Wertewandel unserer heutigen Unternehmensstrukturen brauchen wir nicht die Spezialisierung à la Taylor vom Anfang d. Jahrhunderts, die zur erfolgreichen Fließbandfertigung geführt hat, die wir heute aber nicht mehr anwenden, sondern wir brauchen die Heterarchie, also die Möglichkeit mit verschiedenen Lösungsansätzen zu spielen, in verschiedene Rollen zu schlüpfen, den Rhythmus und Zyklus des Wirtschaftsgeschehens zu erahnen und diese Intuition in Planungsansätze, die wir kurzfristig zu verändern bereit sind, umzusetzen.

Wir brauchen heute zwar noch immer Pläne, die jedoch ein Ausfluß von Szenarioüberlegungen sind. Diese Pläne sind für uns nur eine Rückkopplung aus der Zukunft in die Gegenwart und nicht aus der Vergangenheit in die Gegenwart. Diese Pläne sind bei Veränderungen unserer Umwelt, was heute sehr oft passiert, dementsprechend auch oft zu korrigieren und nicht im IST-/SOLL-Vergleich weiter zu führen. Wir können heute festhalten, daß - bedingt durch die hohe Dynamik unseres Umfeldes - eine Änderung in den Managementmethoden sich als notwendig erweist. Es sei noch einmal unterstrichen, daß es heute um ein " sowohl - als auch" von Hierarchie und Heterarchie und damit von Plan und Vision, von Organisation und Selbstorganisation, von

Kontrolle und Begeisterung geht. Auch die Managementeitelkeit wird neue zusätzliche Elemente erhalten, sie wird einer selbsterneuernden (autopoietischen) Veränderung unterworfen sein.

Managerqualifikation
Unsere Zeit verführt die Manager(-in) zum ausgeprägten Selbstbewußtsein. Sie können eben alles. Auch wenn sie vorher in einem kleinen Unternehmen mit etwa 100 Beschäftigten tätig waren, wo Baustoffe hergestellt wurden, so sind sie natürlich in der Lage im nächsten Moment ein Unternehmen mit 60.000 oder 80.000 Beschäftigten, das in vielen verschiedenen Sparten tätig ist, zu führen. Sie sind stolz auf ihre Flexibilität und Einsatzbeliebigkeit, egal ob sie zuerst in der Papierbranche, dann im Lebensmittelgroßhandel oder anschließend im Telecombereich, ob sie als Kabinettchef eines Ministers oder in einem Energiekonzern tätig sind, sie sind überall einsetzbar. Ersetzbar sind sie natürlich nicht. Denn wenn es einmal schiefgeht, so sind nicht sie daran schuld, sondern die Rezession oder der Dollarverfall. Abgesehen davon - ohne sie wäre es noch schlimmer gelaufen !

Die Eitelkeit ist für Manager eine wesentliche Triebfeder, um Höchstleistungen oder außergewöhnliche Leistungen zu erzielen. Die Eitelkeit ist darüber hinaus die Triebkraft vieler Handlungen im Unternehmen und dies wird auch in der Wissensgesellschaft nicht anders sein.

Die Eitelkeit, die zu Hochleistungen verführt, katapultiert einen an die Spitze einer Struktur oder Hierarchie, wo die Luft wie auf einem 8000er immer dünner und dünner wird und damit auch die Angst und die Einsamkeit zunimmt. Man ist leicht verletzbar und muß schon sehr viel ausgeprägtes Selbstbewußtsein haben, um nicht runter zu fallen. Da die Eitelkeit an die Arroganz und den Narzißmus grenzt, unterliegt der Manager oft dem Drang, jenes Selbstbewußtsein zu pflegen, daß aus dem ständigen Verlangen nach Bestätigung wirklicher oder vermeintlicher eigener Vorzüge gedeiht.

Man kann deshalb im Management zwischen spontaner und gezielter Aggression unterscheiden. Je größer der Unterschied zwischen der realen Position des Managers und seinen selbst gesteckten Zielen ist, desto größer ist seine Reizbarkeit, seine spontane Aggression und desto unvorhersehbar seine Personalführung. Es sind dies jene Manager, die glauben, daß sie eine Position in wesentlich größeren Unternehmen einnehmen sollten oder müßten und deren Sekretärin oder Mitarbeiter deshalb oft nicht wissen, was ihr Chef in der nächsten Sekunde für eine Entscheidung oder Bemerkung machen wird. Dagegen ist die gezielte Aggression eine Managementmethode, deren Machtgenuß die Konfrontation, das Einsetzen von Zuckerbrot und Peitsche und die Fähigkeit des aggressiven Spiels sind, also ein künstlicher Wutausbruch, um jemanden Angst zu machen. Wer unter Streß steht (und das sind viele), unterdrückt andere auch darum, um seinen eigenen Druck los zu werden. Die Managereitelkeit drückt sich hier auch dadurch aus, daß eigene Fehler liebend gerne einem Mitarbeiter zugeordnet werden.

Eitelkeit und Geld ist ein besonderes Kapitel. Die Wertigkeit oder die Leistung eines Managers mit Geld auszudrücken, ist eine Norm unserer Gesellschaft. Der Wettbewerb unter den Managern wird u.a. dadurch ausgetragen, daß man sich bemüht, nicht etwa mehr zufriedene Mitarbeiter zu haben, sondern mehr Geld zu verdienen. Ich habe genug Manager erlebt, die Stunden um Stunden damit verbringen, genau nachzurechnen wieviel sie gegenüber anderen Managern unter Berücksichtigung aller Bonifikationen, Tantiemen, stock options u.a.m. verdienen. Nicht umsonst ist gegenwärtig der Schrei nach Shareholder-value als die Maxime der Unternehmensführung unüberhörbar und viele Berater bemühen sich gegenwärtig die entsprechenden Methoden in Unternehmen einzuführen. Aber wie vieles andere hat sich auch die Börse beim Übergang aus der Industrie- in die Wissensgesellschaft verändert, so daß heute der Unternehmenswert und wenn man will somit der Erfolg der Managertätigkeit nicht durch den Börsenkurs bestimmt

wird. Die Börse ist heute ein Spielfeld der Spekulation und die Manager, die durch stock options und shareholder value "obszöne Vergütungen" erhalten (es ist doch obszön, wenn ein Manager 100x oder gar 200x mehr verdient als ein Facharbeiter), handeln deshalb nicht zum "Wohle des Unternehmens", wie dies im Aktienrecht niedergeschrieben ist, sondern zum eigenen Wohle und zur Befriedigung der eigenen Eitelkeit.
Obwohl der Börsenkurs - wie gesagt - eine wichtige Information für viele Manager ist, trifft man nur wenige Manager, die einen PC bedienen können, um sich dort die aktuellen Börsenkurse anzusehen. Die Manager von heute lesen wenig außer eine Zeitung und hier nur um zu sehen, was man und ob man über sie selbst schreibt. Die Kommunikation der Manager beschränkt sich oft auf den Sport, insbesondere Golf, Tennis, Fußball und das Jagen. Arbeitsessen von Managern drehen sich oft um die Frage der Weinkenntnisse, der Fehler und Niederlagen anderer Manager und um die Fragen wer, wo, was geworden ist. Diese einseitige und eingeschränkte Kommunikation disqualifiziert viele, insbesondere eitle Manager, zur Unternehmensführung in turbulenten und dynamischen Zeiten. Das Wissen um die gegenwärtigen Innovationen bei den Informationstechnologien, Gentechnologien, in der molekularen Werkstoffforschung u.a.m., also das Wissen, was in den angrenzenden Fachgebieten und damit natürlich im eigenen Wirkungsbereich gegenwärtig passiert, ist unterentwickelt. Darin werden sich die Manager von heute von den Wissensmanagern von morgen unterscheiden.

Der eitle Manager von heute, der seine Hierarchie liebt, bekämpft das Unberechenbare, die Veränderung und damit die Innovation. Da aber die Eitelkeit ewig ist, werden zwar die geschilderten Symptome unserer heutigen Eitelkeit verschwinden, aber sicher neue Formen entstehen. Die Frage nach den Kosten der Eitelkeit von heute sind somit relativ einfach zu analysieren und zu schildern, nicht jedoch zu bekämpfen. Die Formen der Eitelkeit in der Wissensgesellschaft können wir erst erahnen, aber wir können aus unserer Erfahrung bereits heute sagen, zu bekämpfen werden sie genauso schwer sein wie die heutigen.

Coaching - "Face-to-Face Leadership"
Aus der Kraft der Verantwortung
Dana Schuppert

1. Warum sprechen wir heute verstärkt über Coaching?

Welche Entwicklungen haben dazu beigetragen, daß diese Dienstleistung zunehmend nachgefragt wird?

Es ist unübersehbar, daß Wirtschaftsräume und Kulturkreise rapide zusammenwachsen. Die gesamte Welt ist plötzlich klein geworden. Auf den ersten Blick überschaubar. Ist die gesamte Entwicklung auch berechenbar geworden? Können wir uns die Muster Zukunft vorstellen? Schätzen wir Chancen und Risiken richtig ein? Wenn wir drohenden Problemen rechtzeitig begegnen wollen, wie sollte dann Leadership aussehen? Die weltweiten Veränderungen in dem gesamten politischen, gesellschaftlichen Kontext, die wir verstärkt wahrzunehmen angefangen haben, zwingen uns zum Nachdenken. Nachdenken über die Lösungen, die wir in der Zukunft zu finden haben, wenn wir den immer größer werdenden Herausforderungen Herr werden wollen, wenn wir überleben wollen.

Um adäquate Lösungen für diese neuen Probleme zu finden, müssen wir genau prüfen, ob unsere geistigen Fähigkeiten und mentalen Möglichkeiten, unsere Erfahrungswerte, unsere Sicht der Dinge sich noch als zeitgemäß erweisen.

Die Grenzen unserer Einschätzungs- und Voraussagefähigkeit sind erreicht. Sie Liegen vor allem in unserem wahrscheinlich zu geringem Wissen über die Gesetzmäßigkeiten dynamischer Sozialsysteme.
Wir wissen aber genau, daß Zufallsereignisse eine Entwicklung einleiten können, die dann ein Eigenleben entgaltet. Analog: Menschen können durch ihre Handlungsweisen Prozesse initiieren,

die den Planungen keineswegs zu entsprechen brauchen. Dieser Wandel wird gekennzeichnet durch eine zunehmende Dynamik, sowohl in der Technologie, in der Wissenschaft als auch in der Politik. Wohin diese Entwicklungen führen, können wir uns nicht annähernd vorstellen.

Die implizierten Auswirkungen auf Unternehmen bleiben nicht aus. Neue Erwartungen, neue Verantwortungsdruck bei höherer Komplexität, neue Anforderungen an die Spitzenleistungsträger sind die Konsequenzen.

Um dieser Gesamtentwicklung gerecht zu werden, die permanent an Dramatik gewinnt, müssen wir zurückblicken auf unser Weltbild, auf unser Menschenbild, unser Wertesystem und unsere Weltanschauung. Wir müssen begreifen, daß ein fundamentaler Paradigmenwechsel stattgefunden hat. Die im folgenden angeführten Überlegungen dienen dazu, ein Verständnis zu vermitteln, daß wir in einer Welt leben, die enorm vielfältig ist; daher muß auch das Bewußtsein der Unternehmen komplexer werden.

Erkenntnis verpflichtet

Erkenntnis verpflichtet uns zu einer Haltung ständiger Wachsamkeit, zu einer besonders verantwortungsvollen Handlungsweise. Sie verpflichtet uns zu verstehen, daß die Welt sich nur dann ändern wird, wenn wir anders leben, d.h. anders denken *und anders handeln.* Sie verpflichtet uns vor allem dadurch, daß wir, wenn wir wissen, daß wir wissen, uns selbst und anderen gegenüber nicht mehr so tun können, als wüßten wir nicht.

All dieses, insgesamt gesehen, impliziert eine Ethik, (=Normen, die unser Handeln bestimmen), die zwingend ist, wenn wir überleben wollen. Diese Haltung entspringt aus einer menschlichen Reflexion, denn nichts anderes als die Reflexion macht die Würde des Menschen und somit des Menschlichen aus. Denn es ist der Reflexion und damit dem eigenen Erkennen überlassen, ob wir sie zum Angelpunkt und zur Richtschnur unseres Handelns machen.

„Toute la dignitè de l´homme c`est sa pensée“ (Blaise Pascal)

In der Praxis läßt sich immer wieder beobachten, wie schwer sich viele Führungskräfte tun, wenn es um richtige Verhaltensweisen besonders kritischen Situationen geht. Unsere Verhaltensmuster in "normalen" Situationen, die uns jahrzehntelang beste Dienste geleistet haben, erweisen sich - jeder von uns erlebt es in Grenzsituationen - nicht als adaptierbar. Die Konfrontation mit erhöhter Komplexität, mit unvertrauten Situationen, hat - auch bei Führungskräften - dramatische Formen des Fehlverhaltens hervorgebracht. Die Ergebnisse einiger anthropologischer Studien von Margret Mead, die sie im Auftrag der amerikanischen Regierung durchgeführt hat, haben bewiesen, daß in kritischen Situationen auch Führungskräfte nur noch Bruchteile der verfügbaren Informationen aufnehmen und verarbeiten. An die Stelle sorgfältiger und gründlicher Analyse treten Vorurteile und verfestigte Vorstellungen. Statt die volle Breite der gegebenen Handlungsspielräume auszunutzen, reduziert sich das Handlungsspektrum auf einige wenige Stereotypreflexe. Statt Verständnis für die grundlegenden Zusammenhänge zu gewinnen, wird jedes Ereignis nur noch reaktiv gekontert.

Unsere Sinnesfähigkeiten und unser Denkapparat scheinen - da nicht entsprechend vorbereitet - überfordert zu sein (im Makrokosmos habe ich dieses genau beobachten können, wenn eine Führungskraft der obersten Ebene mit ihrer Kündigung konfrontiert wird. Im Makrokosmos habe ich es in der ehemaligen DDR erlebt.)

Diese Betrachtungen führen zu folgenden Erkenntnissen:

1. Erhöhte intensivere, umfassendere Vorbereitung und Betreuung derjenigen, die heute Verantwortung tragen, sowie derjenigen, die morgen standhalten müssen, tut not. Der Druck

der Veränderungsprozesse, muß, ehe er positiv verarbeitet wird, in einem anderen Licht gesehen werden, nämlich als Ausgangspunkt einer Suche nach neuen Chancen, für eine neue Ordnung. Schwierigkeiten entstehen auch durch die Inflexibilität der inneren Ordnung.

2. Wenn wir - auf individueller Ebene oder als Unternehmen oder auch als Gesellschaft - unseren Wohlstand und unsere Freiheit beibehalten wollen, müssen wir uns im permanent im klaren sein, daß wir unsere Geisteshaltung, unser Denken überprüfen müssen. Jeder für sich aus dem Bewußtsein heraus, daß er nur ein Teil des Ganzen ist und dennoch für sich selbst ein Ganzes, und somit verantwortlich für das größere Ganze.

3. Wir dürfen nicht mehr ausgefahrenen Wegen folgen, denn wir könnten sonst zu Schlußfolgerungen gelangen, die auf Annahmen beruhen, deren Richtigkeit wir nie geprüft haben.

4. Jeder einzelne von uns befindet sich in einer sich stets wandelnden Beziehung zu seiner Umwelt. Nur wenn wir in allen Lebensbereichen unsere wahren Fähigkeiten entfalten, werden wir aufhören, vor uns selbst zu fliehen und Zerstreuung zu suchen.

5. Wir müssen uns vergegenwärtigen, natürliche Organismen, die sich Veränderungen ihrer Umwelt nicht anzupassen vermögen, und auf eine ungeeignete Ordnung fixiert bleiben, sterben meistens aus. Dieser Zustand hat Biologen veranlaßt, auf die enorme Bedeutung hinzuweisen, die der Sensibilität und der Flexibilität im Kampf ums Überleben zukommen

6. Obwohl Instabilität und Unordnung keinen Platz in unserer Lebensanschauung, in unserer Gesellschaft, in unserer Wahrnehmung und Erziehung haben, müssen wir heute erkennen, (siehe Prigogine und Maturana), daß sie ein integrierender Bestandteil unseres Lebens sind. Eine hohe Instabilitätstoleranz wird erforderlich. Ohne die Veränderungen,

die durch die Ungleichgewichtszustände entstehen, würden Organismen in Stagnation verfallen und dann aufhören zu existieren.

Um zu dieser "Sicht" der Dinge zu gelangen, müssen wir an unserer inneren Einstellung arbeiten, als Unternehmen und als Individuen.

7. Das Sein eines von hohem Bewußtsein geprägten Menschen zeigt sich in der Qualität seines Lebens: wie er denkt, wie er fühlt, wie erhandelt und arbeitet.

8. Ich bin fest davon überzeugt, daß wir nur dann alles bewältigen können, was auf uns zukommt, wenn jeder anfängt, ernsthaft daran zu arbeiten, seine schöpferischen Kräfte entsprechend seiner Begabung und seines Potentials zu entwickeln.

   Damit wird der erste glaubwürdige Schritt in die richtige Richtung getan und somit der individuelle Beitrag gegenüber der Gesellschaft, der wir angehören, erbracht.

9. Die Bestimmung des Menschen ist Entwicklung: vom Sein zum Werden. In dem Prozeß des Werdens gilt es, dem Menschen auch in Beziehung zu seinem beruflichen Umfeld Hilfestellung zu geben.

   Die Internationalisierung der Märkte, die Öffnung nach Osten, die europäische Integration, die Verknappung der Rohstoffe, die Probleme mit der Umwelt, die Auswirkungen des Golfkrieges, lassen deutlich das Ausmaß der Veränderungen erkennen, das es zu bewältigen gilt.

10. Das Verstehen von zusammenhängen des Denkens, des Fühlens, des Wollens ist die Grundlage für die Entwicklung von Verhaltensmustern, die den Überlebenskampf ermöglichen.

2. Was bedeutet das Coaching für die Unternehmensführung?

- Woher kommt es, wohin soll es führen?
- Gemeinsamkeiten und Unterschiede beim Coaching von Sportlern und in der Betreuung und der persönlichen Beratung von Führungskräften
- Von Geist und Stil dieser delikaten, diffizilen und diskreten Dienstleistung

Coaching ist ein Thema, das stark an Aktualität und Interesse gewonnen hat. Der Grund: durch diese Dienstleistung wird eine Hilfestellung gewährleistet, die auf den Prozeß der Leistungsoptimierung einen so umfassenden Einfluß nimmt, daß man besondere Ergebnisse erzielen kann - bei entsprechendem Potential, versteht sich.

Die Unternehmensführung, kraft ihrer Verantwortung und Verantwortlichkeit, muß Vorsorge treffen, richtig planen, Regulative entwickeln. Mit dem Ziel, für den Umgang mit schwierigeren Situationen vorbereitet zu sein, die Wahrscheinlichkeit des Eintretens von Unerwünschtem zu minimieren und die Zukunft des Unternehmens zu sichern. Hier kommt dem Personalmanager auf höchster Ebene und der Personalentwicklung verstärkt eine ganz besondere Aufgabe zu.

Die hier zusammengefaßten Überlegungen zum Coaching sind einer Dienstleistung gewidmet, die vor allem auf dem Beziehungs-, Denk- und Verhaltensbereich, auf ganz individueller Ebene der persönlichen Betreuung von Führungskräften der oberen und obersten Ebene spezialisiert ist.

Coaching ist ein Begriff, der aus dem Sport kommt. Er ist lange in diesem Bereich angewandt worden. Die Sportpsychologie weist vor allem auf die Handlungs- und Leistungsoptimierung hin. Die zentrale Aufgabe besteht darin, Spitzenergebnisse zu erzielen, bei Persönlichkeiten, die über entsprechende Motivation, Fähigkeiten und Einsatzbereitschaft verfügen.

Wichtig zu wissen: Auch im Sport will, kann oder soll der Coach den Trainingsspezialisten weder ersetzen noch ihn in seinem Wirkungskreis begrenzen. Vielmehr richtet sich seine Tätigkeit darauf, das gesamte Repertoire an Instrumenten so zu koordinieren, anzuwenden, zu führen, daß entsprechende Leistungen erbracht werden können.

Die Ausgewogenheit, das Gleichgewicht, die Gewichtung ist nur dann gegeben - nur dann hat der Coach erfolgreich gearbeitet - wenn alle Belange der körperlichen, mentalen und emotionalen Bereiche langfristig, auf der Basis des Vertrauens und des gegenseitigen Respektes berücksichtigt worden sind, letztlich Ergebnisse erreicht und somit sichtbar wurden. Denn je höher hier die Ansprüche, desto differenzierter muß sowohl die Gesamtheit der Persönlichkeit betreut werden als auch punktuelle Unterstützung erfolgen: dort , wo es gilt, Stärken aufzubauen und Schwächen zu minimieren. Da das Denken (denn wir sind, was wir denken) eine eminent wichtige Rolle spielt, um Höchstleistungen zu erbringen, bedarf es eines bestimmten, auch psychologisch stützenden Umfeldes. Es bedarf eines kompetenten Gesprächspartners, einer Persönlichkeit, die als "sounding board" und als "Sparringpartner" begleiten kann.

Auch in der englischen Sprache hat das semantische Feld des "Coachings" eine Erweiterung erfahren. Jenseits von (Ein-)Pauken und Trainieren wird heute zusätzlich assoziiert mit "Betreuen", "Beraten", "Begleiten", "Feedback-geben", "Unterstützung", "Hilfe zur Selbsthilfe". Gerade weil auch im Englischen der ursprüngliche Sinn des Begriffes erweitert wurde, wäre es wünschenswert über einen Begriff im deutschen Sprachgebrauch nachzudenken. Ein Unternehmensberater, der auf den zwischenmenschlichen Bereich spezialisiert ist, ein persönlicher Berater/Betreuer, wäre vielleicht eine willkommene Alternative. Denn bei vielen deutschen Führungskräften entdecke ich eine große Reserviertheit gegenüber solchen aus dem Amerikanischen übernommenen Begriffen, die negative Assoziationen hervorrufen.

Coaching, wie es im Sport oft betrieben wurde, hat manchesmal den Menschen dahingebracht, wo am Ende der Entwicklung eine Art Roboter steht, der nicht mehr leidet, nicht mehr fühlt, sondern nur noch hervorragend funktioniert, unglaubliche Leistungen vollbringt, "reibungslos", "fehlerfrei", "störungsfrei" und seelenlos. Hier stellt sich natürlich die Frage der Verantwortbarkeit des Coachings im besonderen Maße. Ist es wirklich so, daß die Art und Weise, wie Leistungen im Sport vorbereitet, vollbracht und bewertet werden, maßgebend und richtungsweisend auch für die Wirtschaft sein kann?

Sportliche Höchstleistungen haben Menschen immer bewegt, hauptsächlich aus zwei Gründen: zum einen erreichte Ergebnisse, zum anderen das Bewußtsein und Verständnis eines jeden, welche menschlichen Voraussetzungen und welcher persönliche Einsatz notwendig sind, damit solche Leistungen zustande kommen. Jeder bewundert die Ausdauer, die Willenskraft, die Zähigkeit im Training, die durch lange Zeit geübte Selbstdisziplin, die zu dem Können hinführt, zu dem im entscheidenden Augenblick noch die volle Konzentration, die Entschlußkraft, der persönlich Mut hinzukommen.

Das objektive Ergebnis der Spitzenleistung und ihre menschlichen Voraussetzungen sind also zweierlei. Worauf kommt es also eigentlich an? Auf die Leistung als solche, oder auf den Menschen, der sie vollbringt? Natürlich auf den Menschen - werden viele spontan antworten. Aber wie sieht es in der Praxis aus? Um was geht es eigentlich in der sportlichen Übung und in dem Augenblick der höchsten Bewährungsprobe? Hat es noch etwas mit der olympischen Idee des ganzen, heilen Menschen zu tun?

Eine Betreuung, die der Verwirklichung des ganzen Menschen dienen will, muß ein Bild des ganzen Menschen haben, an dem sie

sich orientiert. Ein Bild, das auch der olympischen Idee des "ganzen Menschen" entspricht.
Es ist der Mensch, der sowohl in seiner äußeren Erscheinung als auch in seiner Weise, im Leben da zu sein, sich zu verhalten, ein Sinnbild der Fülle, Ordnung und Einheit des lebendigen Seins ist. Nicht nur äußerlich kräftig, sondern von innen heraus stark, strahlend und schön sein kann.

Es ist der Mensch, der nicht nur in der Lage ist, sich durchzusetzen und zu funktionieren, sondern fähig, in Freiheit und Mitverantwortung schöpferisch zu leben, zu lieben und seine Welt zu gestalten. Bereit ist, an seiner eigenen Vollendung zu arbeiten. Des Menschen Leben ist kein "Job" und läßt sich auch nicht als solcher meistern. Es bedarf einer bestimmten Einstellung zur Leistung und der Reifwerdung der Persönlichkeit, um mit den Anforderungen des Lebens umgehen zu können.

Denn nur in der Leistung und in der Bereitschaft, an sich zu arbeiten, um reifen zu können, lernen wir Menschen, das zu erfüllen, was unser Dasein hier, in der Natur, in der Gesellschaft legitimiert. Nur indem wir etwas leisten, können wir bestehen und ein sinnvolles Leben führen. Nur kraft des Beitrages, den wir erbringen, können wir das Leben meistern. Nur mit seinen Leistungen bildet und bewährt sich der Mensch als nützliches Mitglied der Gemeinschaft, in der er lebt.

Nur durch seinen persönlichen Beitrag wird der Mensch eine "Persönlichkeit", d.h. ein zuverlässiger Träger der ihm anvertrauten Werte und Verantwortung.

Das Leistungsprinzip muß aber eingebettet werden in das Ganze des menschlichen Lebens. Zur "sachlichen Leistung" gehört somit die "menschliche Reife" - nur im rechten Verhältnis zwischen beiden kann menschliches Leben sich als fruchtbar erweisen und der Mensch seiner Bestimmung entsprechen.

Über die japanische Auffassung vom Sinn des Sports

Man spricht in Zusammenhang mit Coaching die amerikanische Auffassung von Sport, von Leistung an. Dies spiegelt auch die geistige Haltung eines bestimmten kulturellen Hintergrundes wider. Es gibt aber auch eine andere, weniger bekannte, bei weitem aufschlußreichere Auffassung vom Sinn der Höchstleistung im Sport: die japanische.

Diese altjapanische Auffassung hat eine zeitlose Bedeutung. Sie hat ihre Gültigkeit auch in manchen Wirtschaftskreisen bis heute bewahrt.

Die in ihr enthaltene Wahrheit hat auch für uns Gültigkeit. Ihre Besonderheit liegt darin, daß im Verhältnis von Mensch und Leistung der Akzent auf dem Menschen liegt und nicht auf der Leistung. Nicht die Leistung an sich ist es, die durch eine absolute, meßbare Größe dem sie vollbringenden Menschen seinen Rang und Wert gibt, sondern der Mensch ist es, der durch seine gesamte Verfassung, Einstellung und Haltung der besonderen Leistung ihren Rang und Wert erst verleiht.

Nach dieser Auffassung wird er – der Mensch – im Augenblick höchster Leistung zum Sinnbild vollendeter Gelassenheit, Schönheit und Kraft. So aber wird man den Sieger nur feiern, wo der eigentliche Sinn langer Übung nicht die meßbare Leistung ist, sondern wo die Leistung Ausdruck der Selbstverwirklichung des Menschen und die Bezeugung seiner besten Haltung ist; wo es also letzten Endes nicht nur darum geht, "wie viele" Ringe, sondern auch "wie" man sie schließt.

Dann ist die Leistung nicht ein quantitatives Maß, sondern die Qualität einer menschlichen Form.Somit ist die gemeinsame Voraussetzung für Höchstleitung und Reife die Fähigkeit und die Bereitschaft, sein eigenes Bewußtsein zum Gegenstand ständiger Ausbildung zu machen. An der Qualität seines Denkens und der Beherrschung seiner Gefühle permanent zu arbeiten.

Auf der wirtschaftlichen Ebene hat Prof. H. Minzberg festgestellt, daß die japanische mentale Beweglichkeit und die Bereitschaft, an sich als Individuum permanent zu arbeiten, auffällig groß sind. Bemerkenswert ist es auch, daß die Japaner an rationalen Konzepten weniger "kleben" als Europäer und Amerikaner. Für sie – so Minzberg – ist Rationalität eher so etwas wie eine momentane Plausibilität. Viel höher bewerten sie spontane Neuerkenntnisse, die zu Kurskorrekturen und situativen Anpassungen führen.

Fazit:
Der Geist und Stil des Coaches im Sport kann natürlich nicht die gleiche sein wie desjenigen, den wir in der Wirtschaft brauchen. Dennoch – Coaching im Sport und in der Wirtschaft stellen beide dar *"eine Betreuung im Sinne teilnehmender Hilfestellung beim Lösen von Problemen vor, während und nach Beanspruchungen und Belastungen. Basis ist psychologisches Grundlagen – und Alltagswissen. Coaching impliziert Diagnostik und Beratung."*
(Prof. H. Eberspächter: Individuelle Handlungsregulation, 1988).

Ob im Sport oder in der Wirtschaft – der Coach muß strategisch denken können, entscheiden, koordinieren, das delikate Problem des Gleichgewichtes innerhalb der Gesamtpersönlichkeit permanent im Auge behalten.

Die Kulturgeschichte zeigt es ganz deutlich: Schon immer hatten Fürsten und Mächtige eine "graue Eminenz" um sich, einen "Vertrauten", mit dem sie alles besprochen, von dem sie sich vertraulichen Rat geholt haben.

Im asiatischen Kulturraum ist die Stellung des sogenannten "Meisters" entsprechend hoch. Ab einer bestimmten Ebene einen "Meister" zu haben, könnte selbst-verständlich werden.

Der interne und der externe Coach sind dafür da, um bei der Bewältigung dessen, was das Überleben möglich macht, zu helfen.

Die Entwicklung im östlichen Teil Deutschlands sind ein hervorragendes Beispiel für eine Situation erhöhter Komplexität, die ohne zusätzliche menschliche Unterstützung nicht zu bewältigen wäre.

Dabei ist der Stil, das "Wie" des Angebots und der Durchführung dieser Hilfestellung von eminenter Bedeutung. Da aber "der Stil der Mensch ist" ("Le style c'est l'homme"), ist es notwendig zusehen, welche Persönlichkeit es am besten tun kann.

"Der richtige Umgang mit anderen ... beginnt beim kritischen Umgang mit sich selbst." (P. Zürn).

3. Wer darf Coach sein?

"Richtung weisen kann nur, wer selbst Richtung hat, wer richtig ist." (P. Zürn, Gedankenräume)

- Der Coach: Unternehmensberater und Beichtvater?
- Merkmale der Persönlichkeit eines "Face-to-Face Leaders".
- Die Kompetenz und die Performance

Der Coach, den ich besonders meine, ist extern, macht meistens nur Einzelcoaching. Er versteht sich als Berater und Wegbegleiter, sowohl für denjenigen, der mit dem höchsten Verantwortungsgrad das Schicksal eines Unternehmens mitgestaltet als auch für denjenigen, der fähig und bereit ist, für die Zukunft besondere Verantwortung zu übernehmen – kraft seiner Potentiale, seiner persönlichen Freude an Eigeninitiative, an den gestellten Aufgaben. Es bedarf der Präsenz des Coaches – unabhängig von der Zeitachse – in Phasen, Situationen von erhöhter Komplexität, dort, wo Veränderungsprozesse ablaufen.

Wenn man ganz oben ist (auf dem Niveau geistiger Hochpotenz), in einer Konstellation von Verantwortung, von rapider Zunahme der Komplexität und von Entscheidungsdruck, ist man oft ziemlich allein. Ein kompetenter, externer Gesprächspartner kann helfen,

Abstand zu gewinnen, kann helfen, die Dinge aus einer neutralen Perspektiven zusehen, kann somit einen Beitrag zur Entscheidungsfindung leisten.

Für die Heranwachsenden und Hineinwachsenden in diese Verantwortungsebene hat sich der "geistige" Begleiter, der im Prozeß der Persönlichkeitsbildung und der Bewußtseinserweiterung zur Seite steht als Coach/Sponsor/Mentor, immer als nützlich erwiesen.

Eine zusätzliche Situation oder Phase, in der Bedarf an Einzelchoaching besteht, ein Moment, in dem Veränderungen entstehen (und in bezug auf welchen wir nirgends lernen, wie wir uns darin verhalten sollen), ist sicherlich die schmerzliche Trennung vom Unternehmen.

Die Erfahrung zeigt immer wieder: Trennungen vom Unternehmen konfrontieren die oberste Ebene mit Situationen, auf die sie nicht nur nicht vorbereitet sind, sondern die – noch schlimmer – in einem Stil erlebt werden, wo Hilfe unbedingt notwendig ist. In solchen Konstellationen eine Herausforderung, sogar Chancen zu sehen ist für die meisten sehr schwer.

Die Begleitung eines professionellen Beraters, in dessen Wirken Coaching und Outplacement sich hervorragend ergänzen können, kann eine willkommene Hilfestellung sein. Die Frage des Stils, in dem der Berater dieses tut, ist allerdings außerordentlich wichtig.

Genau wie unter dem "Coaching" eine Vielfalt von Begriffen zu finden sind, so läßt sich für den "Coach" eine Vielzahl von Definitionen anführen.

Der Coach ist meistens ein Begleiter auf Zeit. Eine Art Hilfe zur Selbsthilfe. Er hat die Fähigkeit, sich zu einem bestimmten Zeitpunkt wieder entbehrlich zu machen.

Der "Coach", der uns hier besonders beschäftigt, gleichgültig, ob als "Performance-Coach" oder als "persönlicher Counselor" ist eine Art "schöpferischer Führer", ein Meister in ostasiatischer Tradition, eine Synthese zwischen Prof. R. Ley, H. Henzler, I. Tiriac. Er ist eine Persönlichkeit mit einem feinen Gespür für das Gleichgewicht der Kräfte, mit viel Fingerspitzengefühl.

Es handelt sich in optimaler Form um eine Persönlichkeit, die eine Synthese zwischen ganzheitlichem Denken und differenziertem Handeln darstellt, um einen Menschen, der "viel weiß, wenig sagt, etwas tut, alles ist" (P. Zürn). Er bringt eine Persönlichkeit mit einer großen Portion Verstehensfähigkeit und hermeneutischem Potentialfeld (sein Wissen- und Wollensbereich) ein. Eine Persönlichkeit, die bereits erkannt hat, daß, um andere auf dem Weg des "Werdens" zu begleiten, sie selbst gelernt haben muß, mit sich im reinen zu sein, für die also Selbsterkenntnis zur Basis für Menschenkenntnis wird. Der Coach ist bei der Begegnung mit seinem Klienten ein Gefährte, eine Stütze.

Wenn er anderen auf dem Weg helfen soll, muß er selbst glaubwürdig sein. Die Persönlichkeit eines professionellen Begleiters muß Kraft und Vertrauen ausstrahlen. Dieses wirkt nur glaubwürdig, wenn es von innen kommt. Geduld und Gelassenheit, Wachsamkeit und geistige Präsenz sind feste Bestandteile der Hilfe, mit der einer dem anderen auf dem Weg zum Ziel zur Seite steht. Genau wie die Unternehmenskultur, die der Kultur der maßgeblichen Persönlichkeiten folgt, ist im gleichen Maße auch die Selbstkultur des Coaches entscheidend in der Begegnung mit seinem Mandanten. Der Wunsch zu dienen, die Bereitschaft und die Fähigkeit, sich persönlich zurückzunehmen, zeichnen den Menschen aus, der gelernt hat, mit sich selbst umzugehen, bevor er das mit anderen tut.

Der Berater, der den Top-Manager auf die oberste Ebene begleitet, muß in diesem Umfeld "zu Hause" sein. Er hilft seinem Klienten, sich zu erkennen, sich anzunehmen und zu bejahen, um Veränderungen, kraft seiner Erkenntnis, vornehmen zu können.

Emotionale und **menschliche** Kompetenz sind genauso wichtig wie die fachliche Qualifikation. Der Coach – je nach Projekt – muß stets vor Augen haben, daß er eine Persönlichkeit betreut, von dessen Entscheidungen vielleicht das Sein oder Nichtsein des Unternehmens abhängt, von dem eine ganze Branche beeinflußt werden kann. Eine Persönlichkeit daher, die in sich ruhend, stark, voll funktionierend und ihrer Verantwortung bewußt sein muß.

Also müßte der Coach auch ein Humanist sein. Das setzt ein bestimmtes Denken voraus, einen außergewöhnlichen Bildungsgrad. Denn nur durch die Haltung, die aus Erkenntnis entspringt, wird sein Handeln ein Beitrag zur Bewältigung der Probleme sein.

Der Coach, der auf höchster Ebene agiert, lebt sein "Sein" im "Wirken".
Einer seiner wichtigsten Grundsätze:

> *"Er weiß, daß er weniger auf das Wissen um die großen Dinge und Gedanken ankommt, sondern auf die Umsetzung in die ´Gelebtheit´ und ´Gangbarkeit´, die kleinen Schritte, mit denen jeder Weg beginnt, insbesondere der von Verständnis und Verständigung."* (P. Zürn)

Der Zugang zum geistigen Kapital des Unternehmens verpflichtet besonders. Jenseits aller technischen und methodologischen Instrumente ist diese Art von Berater moralisch verpflichtet, sein eigenes Denken und somit sein Weltbild zu überprüfen und weiterzuentwickeln.

Er muß verstanden haben, daß das Denken von Wirklichkeit beeinflußt, daß das neue Menschenbild von holistischen Mustern ausgeht, daß er morgen, noch mehr als heute, auf die "intellektuelle Ausrüstung" ankommt, daß wir nicht Gefangene des eigenen Denkens bleiben dürfen.

Durch den Umgang mit einem Spitzencoach muß das geistige Potential einer Führungskraft eine neue Orientierung bekommen, deren Umsetzung dann in verschiedenen Facetten seines Handelns ablesbar ist.

Es ist so, wie A. Herrhausen geäußert hat.

> *"Wir müssen sagen, was wir denken.*
> *Wir müssen tun, was wir sagen.*
> *Wir müssen sein, was wir tun."*

Erst dann sind wir glaubwürdig. Der Coach ist somit eine Führungspersönlichkeit.

Über alle Facetten dieser vielfältigen Dienstleistung hinweg, trotz der Verschiedenartigkeit der Schwerpunkte, die man sehen muß bei dieser maßgeschneiderten Betreuung, läßt sich über den Coach generell folgendes sagen:

- Er macht das Beste aus einem.

- Er hat die Gabe, immer dann zur Stelle zu sein, wenn man seine Hilfe am meisten braucht, und macht sich unsichtbar, wenn man selbständig weitermachen will.

- Er bewirkt durch seine Kompetenz und sein Fingerspitzengefühl in Organisationen und für das Individuum Außerordentliches.

- Er hat die Fähigkeit, die Probleme anderer zu eigenen Problemen zu machen, das Bewußtsein zu entwickeln wie auch zu vermitteln, daß jeder jedem helfen müsse.

- Er nimmt sich Zeit, eine persönliche Beziehung aufzubauen, muß ständig maßnahmenbegleitend präsent sein.

- Er macht es sich zum persönlichen Anliegen, zu helfen und vor allem Feedback zu geben.

Der Coach initiiert und koordiniert folgende Prozesse:

Einweisen – Wann?
- Wenn sich Ziele, Rollen oder Geschäftsbedingungen ändern.
- Wenn es um die Orientierung eines Neulings geht.
- Wenn ein Mitarbeiter in eine Gruppe neu eintritt.
- Wenn neue Fähigkeiten gebraucht werden.

Sponsern (Mentoring) – Wann?
- Wenn ein einzelner eine besondere Leistung erbringen kann.
- Wenn eine hervorragende Fähigkeit für sich selbst spricht.

Trainieren – Wann?
- Wenn besondere Ermunterung vor oder nach einem "Erstversuch" angebracht ist. (Zum Beispiel: erster Kundenbesuch, erste Aufsichtsratsitzung)
- Erste, einfache Verbesserungsmaßnahmen.

Beraten – Wann?
- Wenn Probleme die Leistung behindern. Nach dem Erziehungs- und Trainingsprozeß. Als Antwort auf Rückschläge und Enttäuschungen, um schnell neues Vertrauen aufzubauen.

Konfrontieren – Wann?
- Dauerhafte Leistungsprobleme bleiben ungelöst.
- Ein Mitarbeiter wird den Erwartungen trotz Erziehung und Beratung nicht gerecht.
- Ein Mitarbeiter scheitert in der ihm augenblicklich zugewiesene Rolle.

Der Coach, der sich als Begleiter und externer, persönlicher Berater von Spitzenkräften versteht, muß meiner Überzeugung nach – über die "18 Merkmale des selbstverwirklichten Menschen", wie sie der Psychologe Maslow definiert, verfügen:

1. Wer das Ziel der Selbstenfaltung erreicht hat, ist in der Lage, die Wirklichkeit besser wahrzunehmen. Es gelingt ihm, Realität und Hoffnung, Erwartung oder Glauben klar zu unterscheiden.

2. Der Selbstverwirklichte nimmt sich selbst an, so wie er ist.

3. Sein Verhalten zeichnet sich durch Spontaneität, Einfachheit und Natürlichkeit aus. Künstlichkeit und Effekthascherei sind ihm fremd.

4. Selbstverwirklichte sind nicht mehr ichorientiert, sondern problemorientiert. Nicht länger werden sie von der Sorge um sich selbst angetrieben, sondern sie leben für eine Aufgabe, ein Ziel oder eine Mission, die von allgemeiner Bedeutung ist.

5. Diese Personen könne problemlos für sich allein leben. Einsamkeit bringt keine Schwierigkeiten für sie mit sich. Sie erscheinen anderen manchmal als kühl oder distanziert, weil sie unbetroffen bleiben von Ereignissen, die bei anderen "Stürme" verursachen. Diese Über-den-Dinge-Stehen erlaubt ihnen, selbstbestimmt zu leben. Der Selbstverwirklichte handelt verantwortlich und nicht als "Schachfigur".

6. Menschen, die einen hohen Grad an Selbstverwirklichung erreicht haben, sind stabiler gegenüber sogenannten Schicksalsschlägen, Entbehrungen, Frustrationen und ähnlichem. Sie verfügen über eine größere Unabhängigkeit gegenüber Umwelteinflüssen.

7. Sie sind fähig, die grundlegenden Lebensgüter immer wieder vollkommen neu wertzuschätzen, wie schal die damit verbundenen Erfahrungen für andere Menschen auch geworden sein mögen. Das heißt auch, daß Selbstverwirklichte keine Langeweile kennen.

8. Alle Selbstverwirklichten kennen mystische Erfahrungen, also Gefühle der Grenzenlosigkeit, des unbeschreiblichen Staunens vor der Wirklichkeit, der Zeit- und Raumlosigkeit.

9. Ihr Gefühl für andere Menschen bzw.- ihr Gemeinschaftsgefühl ist groß. Dabei leiden sie aber auch recht häufig an den Unzulänglichkeiten ihrer Mitmenschen.

10. Die Beziehungen, die selbstverwirklichte Menschen zu anderen haben, sind tief und werden als wertvoll erlebt. Sie erfahren die Verbundenheit mit anderen deutlicher als der "Durchschnittsmensch". Allerdings ist ihr Freundeskreis eher klein.

11. Sie haben eine demokratische Charakterstruktur: Sie können zu allen Menschen, gleich welchen Typs, freundlich sein und gut mit ihnen auskommen. Sie sind offen dafür, von jedermann etwas zu lernen, und zollen anderen Respekt.

12. Selbstverwirklichte haben klare moralische Vorstellungen und sind stark ethisch veranlagt. Man braucht ihnen nicht zu sagen, was richtig ist; aber ihre Ansichten über Gut und Böse stimmen häufig nicht mit denen der Mehrheit überein.

13. Sie haben Sinn für Humor. Allerdings lachen sie nicht über feindselige Witze, in denen über die Unterlegenheit eines anderen gelacht werden könnte. Deshalb erscheinen sie dem "gewöhnlichen" Menschen eher als nüchtern.

14. Kreativität, Originalität oder Erfindungsgabe sind jedem Selbstverwirklichten eigen. Da sie keine "Anpasser" sind, fallen ihnen immer wieder neue Dinge ein.

15. Sie sind tolerant, nehmen gesellschaftliche Verhältnisse solange hin, wie dies nötig ist. In kritischen Situationen zeigen sie aber Entschlossenheit und Mut.

16. Selbstverwrklichte Menschen weisen viele der kleineren menschlichen Fehler auf. Sie sind auch mit dummen, verschwenderischen und gedankenlosen Gewohnheiten belastet. Ferner ergreifen sie durchaus Partei für ihre Familie, ihre Leistung, haben Zornausbrüche oder schockieren ab und zu andere Personen.

17. Selbstverwirklichte betrachten viele Probleme als gegenstandslos, da sie in der Lage sind, mehr zu akzeptieren und andere Sichtweisen

einzunehmen, unter denen sich Probleme oder Krisen als Chancen oder als nichtig darstellen.

18. Bei selbstverwirklichten Menschen sind viele Gensätze im Innern "verschmolzen", wie zum Beispiel das Weibliche und das Männliche, Körper und Geist, aktiv und passiv, Denken und Fühlen.

Das ganze fachliche Können, die Kompetenz, die Persönlichkeit – alles muß übertragen, transferiert, kommuniziert werden.

Die Kommunikation

Die Kommunikation – der Geist und der Stil, in dem sie stattfindet – ist ein außerordentlich wichtiger Teil der Führungskunst, eine eminent wichtige Eigenschaft des Beraters im allgemeinen, des Coachs im besonderen. Als Mittel, durch das Menschen in Kontakt bleiben, Vertrauen aufbauen, das zum Aufbau von Beziehungen dient, stellt die Kommunikation, vor allem in Form der Sprache, das Bekenntnis einer Kultur dar. Die Art und weise, wie man kommuniziert, sagt fast alles aus über die Beteiligten und ihr Umfeld. Kommunikation ist eine ethische Frage. Sie verlangt Respekt vor allem vor dem Individuum!

Als Unternehmensberater sind wir besonders verpflichtet, die Kunst der kritischen Prüfung zu praktizieren: Die Sprache als Ausdruck des Denkens muß dabei besonders gepflegt werden. Kommunikation im Coaching erfüllt zwei Hauptfunktionen: Erziehen und Befreien.

Das Gefühl der Sprache, das aus einem Erziehungsprozeß entsteht, spielt hier eine große Rolle. Lehren und Lernen liegen betriebswirtschaftliches Wissen und Handeln zugrunde. Gute Kommunikation erhöht die Wahrscheinlichkeit, daß gute Ergebnisse erzielt werden. Nur durch gute Kommunikation können wir eine verbindende unternehmerische Vision vermitteln und realisieren. Das berühmte "wie" sage ich es!

4. Wer soll gecoached werden?
Von Hoch-Potenz bis High-Potentials. Hauptproblemstellungen.

Im Grunde genommen könnte jeder von uns einen Coach als persönlichen Berater brauchen. Der Führungsnachwuchs wird eher eine persönlichkeitsorientierte Beratung brauchen als eine aufgabenbezogene, die aber für einen Manager aus dem Mittelmanagement wichtig sein kann. Die Entwicklungen, die durch einen höheren Grad an Komplexität zu Veränderungsprozessen führen, die das Coaching erforderlich machen, sind in der Organisation, in der Unternehmenskultur und im persönlichen Bereich zu finden

Die Checkliste, in der Thomas Kuhlmann die Anlässe für Coaching-Maßnahmen umreißt, bietet einen klaren Überblick:

Veränderungen der Organisationsstruktur
- Auseinandersetzung mit neu geordneten Kompetenzen und Aufgaben
- Strukturell bedingte Trennung von langjährigen Führungskräften

Veränderung von Unternehmenskultur und Führungsstil

Veränderungen bezüglich der einzelnen Führungskraft
- Vorbereitung auf neue Aufgaben und Positionen
- Leistungs- und Motivationsblockaden
- Verhaltensdefizite
- Persönliche Krisen

Aus der Beratererfahrung der letzten Jahre kann ich einige Schwerpunkte des Coachings nennen. Es handelt sich dabei vor allem um persönlich kritische Phasen, um Situationen, in denen die Anzahl neu zu berücksichtigender Parameter eine komplexe Konstellation darstellen:

- der Berufsbeginn
- die Vorbereitung und Einführung für die erste verantwortungsvolle Aufgabe
- die Standortbestimmung und Karrierereflexion
- die mentale Vorbereitung auf schwierige Aufgaben
- die Sinnkrise und die Streßbewältigung
- die Notwendigkeit, sich beruflich neu zu orientieren
- die Vorbereitung und Prozeßbegleitung bei Bewerbungsphasen
- die persönlichen Probleme
- Bedarf an Coaching entsteht verstärkt in den Post-Merger-Situationen, dort, wo gesellschaftlich-politische Umwälzungen stattfinden (die Entwicklung und die Situation im Osten zeigen es ganz deutlich).
- Dort, wo sich erhöhte Komplexität formiert, braucht man ganz persönliche, maßgeschneiderte Unterstützung
- Die Verhaltens-, Beziehungs- und vor allem die Kommunikationsprobleme stellen ein sehr bedeutungsvolles Arbeitsproblemfeld dar. Gemeint ist hier Kommunikation, die die Eigendarstellung betrifft.
- Kommunikation da, wo es um die Integration von ausländischen Top-Führungskräften in unseren Kulturkreis, um interkulturelle Kommunikation geht.
- Selbstwahrnehmungsprobleme, in bezug auf Selbsbild und Fremdbild, Feedback, sind äußerst delikat, sehr weit verbreitet, selten ausgesprochen und dabei aber mit großen Konsequenzen verbunden. Zahlreiche Klienten sind aber erst bereit, nach einer bestimmten Zeit darüber zu sprechen. Im Rahmen von Projekten, die umfassender und neutraler sind, entwickelt sich oft erst das Klima des Vertrauens, das dann zu einem Coaching-Projekt führt, in dem diese Probleme als Defizite erkannt werden und anschließend daran gearbeitet wird. Viel Einfühlungsvermögen ist erforderlich!

Nur Führungskräfte, die man "pflegt", deren Gesundheit, Wohlbefinden, Fitneß und Schaffenskraft man sich annimmt und denen man die Voraussetzungen für Spitzenleistungen zurückbringt, nur diese Führungskräfte werden einen realen Beitrag leisten können und wollen, um Stabilität zu sichern und positive Entwicklungen zu realisieren.

- Bei der Bewältigung all dieser – grob skizzierten – Problemstellungen nimmt das
  externe Einzelcoaching eine Sonderstellung ein. Die Wirkung – durch die Kraft der Neutralität – ist hierbei unendlich größer.
- Weisheit, Überblick über die Unternehmensrealität, Integrität sind unabdingbare
  Merkmale eines externen Coachs, der einen Vorstand oder Geschäftsführer begleiten und unterstützen will.
- Diesen Anforderungen zu entsprechen ist sicherlich nicht leicht. Daher gibt es
  viele Personalchefs, die immer auf der Suche sind nach guten Coachs. Die Aufgabe ist sehr komplex, die Verantwortung enorm.

Die drei wichtigsten Gruppen, bei denen sich eine persönliche, maßgeschneiderte Betreuung als sinnvoll und notwendig erwiesen hat.

A. Die Unternehmensspitze (geistige Hoch-Potenz) – die Vorstands-/Geschäftsführunsgebene

Die häufigsten Defizite, die auf der obersten Verantwortungsebene auftreten, Liegen nach meiner Erfahrung oft:

- In der Mitarbeiterführung
- Im zwischenmenschlichen Bereich
- In der unterentwickelten Bereitschaft einzusehen, daß nicht alles sachlich, rational, effizient und beherrschbar ist.

- In der Möglichkeit, Feedback zu bekommen, um zu wissen, wie man wirkt, wie "es ankommt", wie man "annimmt", was gesagt wurde.
- In der Bereitschaft, "Reflexion" zu integrieren in die "Aktion" – die Vita Aktiva eine Vita Reflexiva – als festen Bestandteil des Daseins miteinzuplanen, um physische Kraft und psychische Energie im Gleichgewicht zu halten.
- In der Bereitschaft, sich prophylaktisch auf "chaotische Zeiten" einzustellen, die nicht nur höhere Belastbarkeit, sondern auch höhere Beweglichkeit, Wandlungsfähigkeit und Reaktionsfähigkeit verlangen. Voraussicht als Voraussetzung für ein präventives Handeln tut not!
- In der Einsicht, daß Trennung und Verzicht eines anderen Handlungsmusters bedürfen (auf individueller Ebene und auf Unternehmensebene).
- In der Möglichkeit einzusehen, daß Persönlichkeitsentwicklung ein Teil des Lebendigen ist. Ein Prozeß, der die Macht der Hierarchie nicht kennt. Daß die selbstkritische Distanz mit sich und aus sich neue Erkenntnisse zu gewinnen, Pflichtübung ist – auch mit 50, 60 Jahren.
- In kritischen Situationen, z.B. daß man in der Konfrontation mit einer beruflichen Neuorientierung sich als "Produkt" zu verstehen hat und Hilfe annimmt.
- In der Kommunikationsfähigkeit.
- In der Fähigkeit einzusehen, daß Einsamkeit, Alleinsein, das Sich-ab-und-zu-in-der-Stille-Zurückziehen eine der wichtigsten Hilfsquellen darstellt, um zu lernen, zu denken, zu erfinden etc., um die Verarbeitung von Veränderungen und Entscheidungsfindungen zu ermöglichen.

Der Coach auf dieser Ebene, vielmehr als das Coaching der oberen Führungskräfte oder der High-Potentials, muß ein Gesprächspartner sein, dessen Kompetenz in Fragen der Unternehmensführung bekannt ist, ein Mensch von besonderer Reife und Sensibilität, von besonderem Verantwortungsbewußtsein.

B. Die obere Führungsebene. Hier ist erfahrungsgemäß häufig Unterstützung in folgenden Situationen erforderlich:

- Bei der Einführung, Einarbeitung als Führungskraft, die von außen kommt. Hier
  ist ein Feld, wo Unternehmenskultur dokumentiert wird: wie man jemanden integriert – in welchem Geist und Stil – ist der eindeutige Beweis, ob eine Kultur entweder "gelebt" oder nur "postuliert" wird.
- Bei der Vorbereitung für höhere Führungsaufgaben. Hierbei ist das Einbeziehen des Lebenspartners unerläßlich.
- Bei der Bewältigung von Veränderungen, die in Post-Merger-Situationen eintreten, oder wenn sich gesellschaftspolitische Veränderungen vollziehen (Beispiel: die fünf neuen Bundesländer).
- Bei Fragen des Persönlichkeitstrainings, wo als Hauptaspekt das Selbstvertrauen und die Kommunikation der eigenen Fähigkeiten und Gedanken eine große Rolle spielen.
- Bei Streßbewältigung durch bessere Integration von Berufs- und Privatleben.
- Zur Leistungs- und Motivationsoptimierung.
- Bei der Betreuung und Integration von ausländischen Führungskräften in deutsche (österreichische, schweizerische) Tochtergesellschaften, Niederlassungen etc. (die interkulturelle Dimension).
- Bei der Vorbereitung und Betreuung der Familienmitglieder der Executive-Ebene vor Auslandsentsendung.

C. Die High-Potentials

Coaching für Eliten, Coaching für diejenigen, die morgen bereit und fähig sind, Verantwortung zu tragen, ist ein diffiziles Thema. Alfred Herrhausen in seinem brillanten Vortrag "Brauchen wir Eliten?" hat es am besten erklärt:

"Zu einer lebendigen und anspruchsvollen politisch-demokratischen Kultur gehört ein breiter Fächer an personalen Begabungen. Was wir brauchen, ist eine tiefgegliederte Struktur vielfältiger Qualitäten und Fähigkeiten, Freude am können und die Freiheit, können zu dürfen. Es gilt beides zugleich:

- *Wenn wir mit den großen Problemen der schwierigen vor uns liegenden Jahre fertig werden wollen, müssen wir soviel Talente wie möglich einsetzen. Wirtschaft und Technik können es sich nicht leisten, auf Kreativität zu verzichten.*

- *Wenn wir unserer Demokratie die Qualität geben wollen, die ihr gebührt, müssen wir sowohl die Chancen vergrößern, die sie ihren Bürgern für Bildung und Ausbildung bietet, als auch die geistigen Rangunterschiede zulassen, die sich dann einstellen. Die Zeiten sind nicht so, daß unsere Gesellschaft es sich erlauben dürfte, Talente unentdeckt und ungefördert zu lassen. Die Vielfalt kann nicht groß genug sein.*

Für beide Zusammenhänge gilt: Es ist kein Luxus, große Begabungen zu fördern, es ist Luxus, und zwar sträflicher Luxus, dies nicht zu tun."

Fazit:
Bessere Leistungen zu erbringen als der Durchschnitt fordert konsequente Vorbereitung und einen sehr hohen Preis. Als Motivation braucht man ein Ziel, das sich als ganz persönliche Auffassung vom Leben erweist. Für Höchstleistungs- und Verantwortungsträger, die ihren Beitrag aus Leidenschaft bringen wollen, gilt:

- Sie müssen wissen, daß Zeit, Energie, Aufmerksamkeit und Konzentration nicht gleichzeitig an alle Fronten und Flanken des Lebens geschickt werden können.
- High-Potentials müssen wissen, daß zu jeder Spitzenleistung die Hingabe an die Aufgabe gehört.

- High-Potentials wissen, daß Spitzenleistungen in unserer Zeit unumgänglich sind, wenn sich die Frage des Überlebens der Menschheit stellt.
- High-Potential wollen kein bequemes Leben. Gleichviel, wie hart es wird, wie schwer die Belastung wiegt, sie sind überzeugt, daß sie mit der Situation umgehen können. Von ihrer inneren Einstellung her bemühen sie sich "Stolpersteine" in "Meilensteine" umzuwandeln.
- Sie haben vertrauen in sich, in ihre inneren Ressourcen. Ihr Vertrauen wurzelt in ihren Erfahrungen, in ihrer Offenheit, neue Denk- und Arbeitswege einzuschlagen: sie lieben, was sie tun.
- Den High-Potentials ist bewußt, daß wir nur eine begrenzte Zeit leben, daß wir den größten Teil der Zeit mit Arbeit verbringen. Daher erscheint es ihnen auxch sehr wichtig, was auch immer sie tun, so gut wie möglich zu tun.
- Sie hören nie auf zu suchen und zu lernen. Sie sind voller Initiative und Energie, sie sehen ihren Beitrag im "Agieren", nicht im "Reagieren". Sie gestalten das eigene Leben aus eigenem Impetus durch ein besonders ausgeprägtes Erkenntnis- und Urteilsvermögen.
- Maslow fand in seinen Studien, daß die High-Potentials Selbstverwirklichte sind, Menschen, die eine Vision haben, Menschen, die von einer Passion erfüllt sind.
- High-Potentials betreiben Persönlichkeitsmanagement durch Persönlichkeitsentwicklung. Sie verstehen dies als Möglichkeit, ihre eigenen Fähigkeiten zu lenken und zu fördern, nachdem sie sie herausgefunden haben.
- Durch die Bewußtseinserweiterung, durch ganzheitliche Betreuung müssen die Verantwortungsträger von morgen vorbereitet werden. Die eigentliche Herausforderung von morgen wird heißen: Veränderung zu meistern.
- High-Potentials müssen außer Bereitschaft zu lernen ein ungewöhnliches Maß an Aufgeschlossenheit für Ambiguität und Toleranz aufweisen. Sie müssen bereit und fähig sein, bei Eintreten des Unerwarteten damit fertig zu werden.

Schlußbemerkung

Der Führungsprozeß steht in der außerordentlich komplexen Arbeitswelt von morgen vor einer Herausforderung, deren Ausmaß wir uns nicht vorstellen können. Aus der Erkenntnis heraus, daß für uns weder die Wahrheit noch die Wirklichkeit – absolut gesehen – zugänglich sind, muß vor allem das Personalmanagement zu einem anderen Verständnis verhelfen: Bescheidenheit, Toleranz und besonders Bemühen sind gefragt wie nie zuvor.

Die Sensibilisierung für die Anforderungen an die Führungskräfte in einer Zukunft mit erhöhter Komplexität soll dazu führen, Szenarien zu entwickeln, für die prophylaktische Muster des Denkens und Handelns aufzustellen sind, um in kritischen Situationen nicht ausgeliefert zu sein. Hierbei kommt – wie erwähnt – der Personalentwicklung eine eminent wichtige Rolle zu. Was unsere Führungskräfte nicht lernen konnten, aus welchen Gründen auch immer, muß in der Erwachsenenweiterbildung schnellstens erfolgen. Das Denken, das unsere Würde ausmacht, muß durch ein neues Lernmuster eine Erweiterung, eine Neuorientierung erfahren.

Die Personalabteilung – nach dem neuen Verständnis in einer Servicefunktion . muß alles tun, um sicherzustellen,

a) daß ein permanenter Transfer neuesten Wissens und neuster Erkenntnisse (fachbezogen, aber auch interdisziplinär) stattfindet,
b) daß Verantwortungsträger von heute und von morgen besondere Betreuung erhalten.

Das systemische Gedankengut, in dem ganzheitliches und vernetztes Denken Realität auf allen Führungsebenen wird, setzt die individuelle Einsicht des Personalmanagers voraus. Von der Art, wie sie sehen können und sehen wollen, von dem Selbstverständnis des Höchstverantwortlichen im Bereich Human Ressources – der Personalvorstandsebene – wird zunehmend Entscheidendes abhängen.

Ein Arbeitsklima, das die Veränderung fördert, das das Handeln als Instrument zur Schärfung des Verstandes deklariert, aber auch die Fähigkeit, in diffizillen Situationen eine kontrollierte und entspannte geistige Haltung zu wahren, ist für die Führung unabdingbar. Dafür müßten Unternehmenskultur (Geist und Stil) und Personalpolitik ganz klar in engster Wechselwirkung stehen.

Der Mensch kann nicht die Wahrheit über das Wesen der Welt wissen, sondern lediglich Hypothesen bilden, die solange stimmen, wie sie passen. Sie müssen ergänzt oder ersetzt werden, wenn sich neue Blickwinkel ergeben und die wahrgenommenen Elemente in neuen Zusammenhängen zu ordnen sind. Je offener eine Person wie auch ein Unternehmen in ihren Wahrnehmungen sind, desto besser nehmen sie sich selbst wahr als dauernd auf der Suche, dauernd in Veränderung, dauernd fragend und nie beruhigt durch gesichertes Wissen.

Wenn wir gelernt haben, daß das Leben heute von der Sensibilität und dem Verstehen von Mustern, von Sprache – kurz: von der Perzeption dessen, was die Zusammenhänge ausmacht – abhängig ist, wenn wir auch gelernt haben, daß die Verlagerung von einem Weltbild mechanistischer Abläufe zu einem Weltbild biologischer Prozesse längst stattgefunden hat, daß außerdem, um zu überleben, Wahrgenommenes zu überdenken ist, und daß es dabei gilt, das Gelernte ständig zu überprüfen und sich dem Wandel anzupassen – erst dann haben wir das Wesentlicher begriffen und in die Handlung umgesetzt.

Der Coach kann einen besonderen Beitrag für die Organisation und vor allem für die Personalarbeit leisten, indem er den Führungskräften hilft, unter anderem durch ein hohes Maß an innerer Stärke Selbstkontrolle und Kreativität, innere Gelassenheit auch in stürmischen Zeiten zu bewahren, sich selbst und auch andere zu Höchstleistungen zu motivieren und ein Gespür für den Platz zu entwickeln, der ihnen in dieser Welt gebührt

Forschungsfelder in der Wirtschaftspsychologie

Erich Kirchler / Katja Meier

1. Einleitung

Die Wirtschaftspsychologie als angewandte Disziplin basiert auf den Theorien der psychologischen Grundlagenforschung (insbesonders der Sozialpsychologie) und beschäftigt sich mit menschlichem Erleben und Verhalten im wirtschaftlichen Kontext. Neben den klassischen Bereichen der Arbeits- und Organisationspsychologie beziehen sich die Betätigungsfelder auf die Erforschung des Konsumentenverhaltens und der betrieblichen Absatzpolitik sowie auf verschiedene Fragestellungen aus dem Gebiet der Volkswirtschaftslehre.

Die Wurzeln der Wirtschaftspsychologie liegen in der Arbeitspsychologie, die bereits seit Beginn des 20. Jahrhunderts die Interaktion zwischen Arbeitsbedingungen und Erleben und Verhalten des arbeitenden Individuums erforscht. Die Messung notwendiger Fähigkeiten und Fertigkeiten von Bewerbern, Personalselektion, Studien über die körperliche Ausdauer, der Motivation und die Analyse und Gestaltung der Arbeitstätigkeiten sind wichtige Bereiche der Arbeitspsychologie.

Als der starke Einfluß des gesamten organisatorischen Systems auf das Individuum aufgrund empirischer Ergebnisse erkannt wurde (Emery, 1959), nahm die Organisationspsychologie an Bedeutung zu. Die Organisationspsychologie berücksichtigt neben dem Individuum auch die Gruppe und das System Organisation (Etzioni, 1988) und beschäftigt sich vorwiegend mit der Analyse von Entscheidungssituationen, der Führungsforschung und den Auswirkungen neuer organisatorischer Formen auf das Individuum.

Aus aktueller Sicht ist die ursprüngliche Abgrenzung der Arbeits- von der Organisationspsychologie schwer aufrechtzuerhalten, da der Einfluß individueller Merkmale, der Gruppe und des organisatorischen Systems nur künstlich zu trennen ist. Aus diesem Grund spricht man heute von der Arbeits- und Organisationspsychologie als einer Disziplin.

Neben der Erforschung der Arbeit steht die Beschäftigung mit Marktphänomenen und mit Problemen der Volkswirtschaftslehre im Mittelpunkt des Interesses der Wirtschaftspsychologie. Die Markt- und Konsumpsychologie geht gleichermaßen auf die Analyse der Einstellungen, Motivationen und kognitive Vorgänge von Käufern ein, wie auf die Erforschung von absatzpolitischen Strategien wie Produktgestaltung, Preispolitik, Imageerhebungen und Methoden der Werbung. Obwohl die Marktpsychologie der kommerziellen Nutzung psychologischer Erkenntnisse kritisch gegenüber stand und steht, ist Marketing und die Konsumentenforschung ohne psychologisches Wissen undenkbar.

Die ökonomische Psychologie oder die Psychologie gesamtwirtschaftlicher Prozesse stellt den jüngsten Teil der Wirtschaftspsychologie dar. Vom besonderen Interesse ist der Vergleich des individuellen Verhaltens mit Verhaltensprognosen der Volkswirtschaftslehre, die auf der Basis aggregierter Daten erstellt werden.
Zu den Forschungsthemen der ökonomischen Psychologie zählen unter anderem die Psychologie der Steuer, des Unternehmertums, der Wohlfahrt, der Arbeitslosigkeit, der Inflation und finanzieller Märkte.

Im folgenden werden die Themen Motivation, Coaching, Arbeitsanalyse, Telearbeit und Total Quality Management als Beispiele für die Arbeits- und Organisationspsychologie, der Marketing-Mix, die Kommunikationspolitik, Kaufentscheidungsmuster als Themen der Markt- und Konsumpsychologie und die Steuerpsychologie und die Wohlfahrtsforschung als Bereiche der Ökonomischen Psychologie kurz vorgestellt.

2. Arbeitspsychologie und Organisationspsychologie

Die Arbeits- und Organisationspsychologie befindet sich im Brennpunkt der Interessen der Arbeitgeber und Arbeitnehmer. Einerseits gilt es, den Arbeitnehmer optimal an die Arbeitsbedingungen anzupassen (Akkomodation), sei es durch Personalselektion oder Training, Schulungen und Coaching am Arbeitsplatz. Andererseits sollten Arbeitsbedingungen und -anforderungen bestmöglich humane Ansprüche und Bedürfnisse erfüllen (Assimilation). Assimilation und Akkomodation sind schwer trennbare Prozesse, die gemeinsam optimiert werden müssen. Durch eine erfolgreiche Optimierung erreicht die Arbeit ein hohes Motivationspotential, das bedeutet, daß Mitarbeiter einen Anreiz erleben, die Arbeitsaufgaben adäquat zu erledigen. Hohe Motivation kann durch mehrere Faktoren erreicht werden: So bietet Coaching für Führungs-personen eine gute Möglichkeit, Probleme, Schwierigkeiten und Konflikte im beruflichen wie auch privaten Bereich zu besprechen und besser zu bewältigen. Durch das Bewußtwerden und Lösen von Problemen kann Motivation ebenso gefördert werden, wie durch psychologische Arbeitsgestaltung. Als spezielle Form der Arbeitsgestaltung kann die Telearbeit gesehen werden, die als Folge der elektronischen Revolution eine Innovation in der Arbeitswelt darstellt und dessen Auswirkungen auf die Arbeitnehmer noch nicht geklärt sind. Veränderungen der Arbeitswelt ergeben sich nicht nur durch die Auslagerung der Arbeitsplätze von einem zentralen Punkt, auch neue Organisationsformen wirken sich auf das Erleben und Verhalten der Mitarbeiter, vor allem auf deren Motivation aus.

2.1. Motivation

Motivierte Mitarbeiter erfüllen zwei wichtige Merkmale: Einerseits verrichten sie nicht Dienst nach Vorschrift und sind damit erklärtes Ziel jeder Unternehmensführung, andererseits sind motivierte Mitarbeiter gesünder und zufriedener (Locke & Henne, 1986) als nicht motivierte. Motivation wirkt als Antrieb, der neben den Fertigkeiten und Fähigkeiten der Arbeitnehmer die Grundvoraussetzung für die Erfüllung von Arbeitsaufgaben darstellt.

Während zu Beginn des 20. Jahrhunderts die Bezahlung als wichtigster Motivator entdeckt wurde, zeigen spätere Ergebnisse die motivationsfördernde Wirkung von Aspekten, die direkt mit der Arbeit verbunden sind. Intrinsische Motivation wurde von verschiedenen Richtungen untersucht und in mehr oder weniger komplexen Modellen dargestellt. Das sogenannte Rubikon-Modell von Heckhausen (1987) gehört zu den umfassenden Modellen und ist wegen seiner Plausibilität und einfachen Anwendung in der Praxis zu einem hilfreichen Instrument geworden, die Motivation der Mitarbeiter zu stärken.

Heckhausen (1987) unterscheidet zwischen vier Stufen des Motivationsprozeßes: In der ersten Phase, die auch prädezisional genannt wird, wählt das Individuum jenes Ziel, das den größten Nutzen verspricht. Aus Sicht des Modells der Risikowahl nach Atkinson (1957) versprechen Ziele mittlerer Schwierigkeit für erfolgsorientierte Personen den größten Anreiz. Sehr schwierige Ziele können oft nicht erreicht werden und bewirken dann Gefühle des Mißerfolgs, während das Erreichen sehr leichter Ziele keinen Erfolg darstellen. Mitarbeiter wählen nur dann ein vom Unternehmen angestrebtes Ziel - z. B. kreative Lösungen suchen oder überdurchschnittlicher Einsatz -, wenn dieses Ziel für sie einen hohen Nutzen verspricht und erreichbar erscheint. In der zweiten Stufe (präaktionale Phase) erfolgt die Zielsetzung, die nach der Zielwahl die bewußte Absicht impliziert, dieses Ziel auch erreichen zu wollen und zielführende Handlungen zu planen. Locke betont in der Zielsetzungstheorie (1976), daß schwierige, komplexe und spezifische Ziele motivationsfördernd sind und Zielbindung zu einer intensiveren Zielsetzung führt. "Veröffentlichen Sie soviel wie möglich !" ist zwar ein gutgemeinter Appell an wissenschaftlich tätige Mitarbeiter, wird aber weniger Artikel provozieren als konkrete und schwierige Ziele wie "Veröffentlichen Sie pro Jahr 3 Artikel in angesehenen Zeitschriften !", da aufgrund des klar formulierten Zieles bei 3 Artikeln der Maßstab liegt, an dem Erfolg und Mißerfolg gewertet wird.

Zielführende Handlungen werden erst bei der Wahrnehmung von günstigen Gelegenheiten direkt umgesetzt. Die Ausführung dieser Handlungen ist das Merkmal der dritten, aktionalen Phase und direkt abhängig von der Handlungskontrolle der Mitarbeiter (Kuhl, 1983). Kuhl unterscheidet Lage- und Handlungsorientierung. Lageorientierte Personen verlieren ob der aktuellen Situation das eigentliche Ziel aus dem Auge, während handlungsorientierte Mitarbeiter fähig sind, konkurrierende Handlungsintentionen zu verdrängen, und bewußt und direkt das angestrebte Ziel zu verfolgen. Nach Abschluß der Handlung werden die Handlungsergebnisse bewertet. Diese postaktionale Bewertung stellt die letzte Phase im Rubikon-Modell dar und erfolgt aufgrund von Kausalattributionen und Gerechtigkeitseinschätzungen, die im Vergleich mit den Handlungsergebnissen der Kollegen durchgeführt werden. Förderlich für die Motivation, diese Handlung wieder auszuführen, wirken sich interne, stabile Attributionen bei Erfolg aus und das Gefühl, daß der Kollege bei gleichem Arbeitsaufwand das gleiche Ergebnis erzielt hat.

Obgleich das Motivationsmodell von Heckhausen (1987) in der Beschreibung abstrakt wirkt, ist es in der Praxis leicht umzusetzen. Als Unternehmener muß man bedacht sein, die Ziele des Unternehmens zu den eigenen Zielen der Mitarbeiter zu machen. Dies erfolgt umso einfacher, je konkreter und herausfordernder die Ziele formuliert sind, und eine Zielbindung z. B. in Form von Prämien und Incentives erfolgt. Regelmäßiges Feedback kann den Mitarbeitern helfen, das eigentliche Ziel nicht aus dem Auge zu verlieren und zielgesetzte Handlungen auszuführen. Und, last not least, führen gerechte Belohnungen, deren Verhältnis zum Aufwand adäquat erscheinen und für jeden Mitarbeiter gleich zu erreichen sind, zu einer verstärkten Motivation, diese gewünschten Handlungen wieder auszuführen.

Kritische Leser wird der letzte Absatz an ein nur scheinbares Allheilmittel erinnern, dennoch sei darauf hingewiesen, daß meist die einfachsten Prinzipien wegen ihrer leichten Umsetzbarkeit große Wirkungen im Alltag zeigen können.

2.2. Coaching

Seit Mitte der 1980ziger Jahre ist Coaching in der Wirtschaftswelt zum Schlagwort geworden. Looss (1992) versteht unter Coaching die "...Einzelberatung für Führungskräfte zu der Frage, wie die beratene Person, mit der von ihr zu bekleidenden Rolle im Management zurechtkommt" (S. 116). Ein Coach bespricht demnach mit einer Führungskraft deren Schwierigkeiten und unterscheidet sich vom Trainer dadurch, daß der Coach nicht neue Verhaltensweisen lehrt, sondern jede Veränderung der Eigeninitiative und Selbstentfaltung der beratenden Person überläßt.

Die Coaching-Bewegung basiert auf zwei Grundansätz-en, die zwar beide das Ziel verfolgen, vorhandene Potentiale der Führungskraft zu fördern und zu stärken, sich aber bezüglich ihrer Vorgangsweise und ihres Betätigungsfeldes voneinander unterscheiden. Diese zwei Auffassungen von Coaching haben ihre Wurzeln einerseits im angloamerikanischen und andererseits im deutschsprachigen Raum.

Der angloamerikanische Ansatz weist die Coaching-Aufgabe dem direkten Vorgesetzten zu (Bauer, 1995), der mit Unterweisungen, Anleitungen und Beratung seinen Untergebenen fördern soll. Diese Art von Coaching ist gleichzusetzen mit einer personenbezogenen Führungsarbeit, die zwar die Besonderheit der Persönlichkeit der beratenen Person berücksichtigt, das Hauptaugenmerk aber auf die Arbeitsaufgabe richtet. Da der Coach aus dem selben Betrieb wie der beratene Mitarbeiter stammt, ist sein Fachwissen zur Problemlösung hoch, der Zeitaufwand der Beratung muß allerdings stark limitiert sein, da der Vorgesetzte mehrere seiner Mitarbeiter betreut. Probleme können weiters dadurch entstehen, daß der Coach zur selben Zeit auch der Vorgesetzte ist und damit Kontroll- und Beurteilungsaufgaben zu erfüllen hat.

Im deutschsprachigen Raum wird Coaching als zeitlich begrenzter Beratungsprozeß durch vorwiegend betriebsexterne Personen (Schreyögg, 1995) verstanden. Externe Berater können sich besser dem Vorwurf der Befangenheit entziehen und damit leichter eine Vertrauensbasis zur Führungsperson aufbauen. Beratungsinhalte sind vorwiegend berufliche Probleme der betreuten Führungskraft, aber auch private Schwierigkeiten, wenn sie auf den Arbeitsprozeß abstrahlen. So kann eine Führungskraft ihre Ängste vor der bevorstehenden Pension ebenso mit dem Coach besprechen, wie auch auftretende Probleme bei ihrer täglichen Arbeitsaufgabe. Da bewußt Zeit und Raum geschaffen wird, mit Problemen umzugehen, können Motivationsschwankungen und das Aufschaukeln von unbearbeiteten Schwierigkeiten aufgefangen werden.

Coaching im Sinne dieses Ansatzes ist demnach stärker personenbezogen, als der angloamerikanischer Ansatz, wahrscheinlich auch deshalb, weil dem externen Berater das spezifische betriebsinterne Fachwissen fehlt. Im deutschsprachigen Ansatz werden psychologisches Wissen und Fertigkeiten besonders betont. Coaching stellt damit für Psychologen in der Wirtschaft ein wichtiges Arbeitsfeld dar.

Besonders beim personenbezogenen Coaching schwinden die Unterschiede zur bekannten psychologischen Beratung. Man wird demnach das Gefühl nicht los, daß der neue Begriff Coaching nur graduell Neues in sich birgt, und psychologische Beratung wie auch das Wort "Supervision" deshalb durch einen neuen Begriff ersetzt wurden, weil sie Führungspersonen in der Wirtschaft an das Wirken der Klinischen Psychologie erinnern. Das Prinzip des Abfüllens von altem Wein in neuen Schläuchen dürfte sich auch beim Modetrend des Coachings gezeigt haben. Letztendlich erscheint aber die Namensgebung für die psychologische Betreuung zweitrangig, solange Coaching wie auch neu erfundene Worthülsen dieselben wichtigen psychologischen und motivationsfördernden Funktionen erfüllen können, wie die psychologische Beratung.

2.3. Arbeitsanalyse, -bewertung und –gestaltung

Arbeitsanalyse, -bewertung und -gestaltung sind drei Prozesse, die aufeinander aufbauen (Ulich, 1991). Um Arbeitstätigkeiten optimal gestalten zu können, müssen sie zuvor beschrieben und analysiert und bezüglich festgelegter, psychologischer Kriterien evaluiert werden. In die Analyse fließen sowohl objektive, von außen beobachtbare Merkmale der Arbeit ein, als auch psychologische Variablen, wie beispielsweise subjektive Autonomie und Bedeutsamkeit der Arbeit. Während Ablaufprozesse, Hierarchien und organisatorische Strukturen mithilfe von Dokumentenanalyse und Beobachtungen bestimmt werden, können psychologische Phänomene dagegen nur in der Befragung der arbeitenden Individuen erfaßt und anhand persönlicher Gespräche, standardisierter (z. B. Subjektive Arbeitsanalyse (SAA) von Udris & Alioth (1980)) und nichtstandardisierter Verfahren erhoben werden.

Das Befindenstagebuch (Brandstätter, 1977) als relativ neue Methode kann bei der Analyse von Arbeitstätigkeiten einen wertvollen Beitrag leisten, da über einen bestimmten Zeitraum unter anderem das Befinden, die Bedürfnisbefriedigung beziehungsweise -frustration, Zeitanteile für spezifische Tätigkeiten und die Anwesenheit von anderen Personen erhoben werden. Damit liefert das Tagebuch einen tiefen Einblick in das Erleben des Arbeitsnehmers und ist im Gegensatz zur einmaligen Testung weniger fehleranfällig.

Die Bewertung der analysierten Arbeitstätigkeiten kann nach verschiedenen Maßstäben erfolgen: Als Mindestanspruch ist die Ausführbarkeit zu werten (Rohmert, 1972), als Maximalanpruch Persönlichkeitsförderlichkeit. Ulich (1991) spricht vom humanen Arbeitsplatz erst dann, wenn aufeinander aufbauend die Forderung nach Ausführbarkeit, Schädigungslosigkeit, Beeinträchtigungsfreiheit und Persönlichkeitsförderlichkeit erfüllt wird.

Persönlichkeitsfördernde Merkmale der Arbeit werden demnach erst dann wirksam, wenn eine Schädigung auf körperlicher und psychischer Ebene ausgeschlossen werden kann, und Beeinträchtigungen allenfalls vorübergehend zu beobachten sind. Die Vorteile einer humanen Arbeitstätigkeit ist die Wahrung von körperlicher und psychischer Gesundheit, psychosozialem Wohlbefinden und die Weiterentwicklung von Fähigkeiten und Fertigkeiten des Arbeitnehmers.

Jedes noch so humane Kriterium eines Arbeitsplatzes verliert an Gültigkeit, wenn letztendlich in der Arbeitsgestaltung das Individuum in seiner Einzigartigkeit nicht berücksichtigt wird. So wird es immer deutlicher, daß es keine einheitliche, für alle Mitarbeiter optimale Arbeitsstruktur geben kann. Die Suche nach dem "best-way" wird abgelöst von der flexiblen, differentiellen und dynamischen Arbeitsgestaltung (Ulich, 1991), die für das Individuum unterschiedlich viel Spielraum freilassen. Bedeutet die flexible Arbeitsgestaltung für jeden Mitarbeiter die Möglichkeit, innerhalb einer vorgegebenen Arbeitsstruktur für sich den besten Weg zu wählen, bietet die differentielle Arbeitsgestaltung alternative Arbeitsstrukturen an, die individuell gewählt werden können. Die dynamische Arbeitsgestaltung berücksichtigt nicht nur interindividuelle Unterschiede, sondern sieht auch intraindividuelle Änderungen vor, da sie nicht als starres System zu sehen ist, sondern sich den Lernfortschritten oder Motivationsänderungen des Mitarbeiters anpaßt.

2.4. Telearbeit

Godehardt (1994) versteht unter Telearbeit Tätigkeiten, "die unterstützt durch Informations- und Kommunikationstechnik räumlich entfernt vom Standort des Arbeits- oder Auftraggebers durchgeführt werden" (S. 41). Neben Godehardt (1994) betonen auch Kubicek (1988) und Jaeger, Bieri & Dürrenberger (1987) zwei wesentliche Charakteristika der Telearbeit, nämlich die räumliche Distanz zwischen Arbeitnehmer und -geber und die durch technische Ausrüstung ermöglichte Telekommunikation. Einerseits wird Telearbeit als aussichtsreiche, zukünftige Alternative zur gewohnten Arbeitsform gefeiert, andererseits bleibt sie aufgrund ihrer psychologischen Risiken umstritten.

Auch wenn zu den psychologischen Aspekten der Telearbeit erst wenige Studien vorliegen, werden neben den offensichtlichen Vorteilen auch Nachteile besonders für den Arbeitnehmer sichtbar. Flexibilität und Selbstverantwortung - ein subjektives Gefühl der Autonomie - sind positive Begleiterscheinungen der Telearbeit, ebenso wie der Wegfall des Weges zur Arbeit und der mögliche Verzicht auf repräsentative, geschäftliche Kleidung. Ein weiterer Vorteil kann in der Verbesserung der Familiensituation gesehen werden, wenn das arbeitende Familienmitglied während seiner Arbeit in räumlicher Nähe zu der Familie bleibt. Die trotz der ausbleibenden räumlichen Trennung erforderliche Abgrenzung zwischen Privat- und Berufsleben stellt ein unterschätztes Problem für den Telearbeiter dar. Streßsituationen wie Termindruck und Wochenendarbeit belasten das Privatleben, ebenso wie beispielsweise Lärmbelästigungen durch die Kinder die Arbeitsleistung behindern. Mehrfachbelastungen ergeben sich besonders für Mütter, die mithilfe der Telearbeit Kinderbetreuung und Arbeit zu integrieren versuchten, aber letztendlich, erst wenn die Kinder schlafen, Zeit für ihre Arbeit finden.

Interessanterweise übersteigt die Produktivität der Telearbeiter die der orthodox beschäftigten Angestellten um 10 Prozent (Reiterer, 1986) bis 45 Prozent (Gray, Hodson & Gordon, 1993). Da Telearbeiter die für sich leistungsoptimalen Zeiten ausnutzen und auch spontane Einfälle außerhalb der Geschäftszeiten sofort umsetzen können, zeigt sich neben der gesteigerten Effizienz auch eine Verlängerung der Arbeitszeit (Konerman, 1987) bis hin zur freiwilligen Selbstaufopferung (Godehardt, 1994). Diese Leistungsverbesserung mit einhergehenden verminderten Personalkosten stellt für Arbeitgeber den wesentlichsten Vorteil der Telearbeit dar. Nachteile für Unternehmer werden in den reduzierten

Möglichkeiten der Kontrolle und Hilfestellung für Angestellte sichtbar. Das Sprichwort "Aus dem Auge, aus dem Sinn" bewahrheitet sich nicht nur für Telearbeiter, die in Karrierresprüngen meist übersehen werden, sondern auch für Arbeitgeber, die mögliche Führungskräfte nicht wahrnehmen.

Telearbeit ist im Vergleich zur zentral, örtlich gebundenen Arbeit ganzheitlicher (Godehardt, 1994) und beinhaltet mehr subjektive Autonomie und einen größeren Entscheidungsspielraum. Ganzheitlichkeit und Autonomie sind zwei wichtige Bestimmungsfaktoren der Motivationstheorie nach Hackman & Oldham (1975), die das Motivationspotential einer Arbeit wesentlich erhöhen. Ganzheitliche beziehungsweise vollständige Aufgaben integrieren in sich Planung, Ausführung und Evaluation der Arbeitsaufgaben, die den Telearbeitern zumindest bei höherstehenden Aufgaben im gesamten Ausmaß zufallen. Die daraus resultierende stärkere Arbeitsmotivation könnte ein Grund für die gesteigerte Produktivität und die Bereitschaft zur Mehrarbeit sein.

Zusammenfassend stellt Telearbeit hohe Ansprüche an die Selbstverwaltung, Zeitstrukturierungsfähigkeiten und Streßbewältigung der Telearbeiter. Die Frage, ob stärkere Autonomie und Motivation, die von den Telearbeitern erlebt werden, die negativen Konsequenzen durch die fehlende Trennung zwischen Arbeit und Privatheit und der Gefahr der sozialen Isolation aufwiegen können, ist in weiteren Studien zu klären.

2.5. ISO 9000 und Total Quality Management (TQM)

Die internationale Normenreihe ISO 9000 für Qualitätssysteme wurde 1987 herausgegeben, und gilt derzeit als Qualitätsstandard für europäische Betriebe. Die ISO-Normen sollen dem Kunden einen Mindestanspruch an Produktqualität zusichern, da der gesamte Produktionsprozeß des zertifizierten Unternehmens in einem Handbuch aufgezeichnet ist. Durch diese genaue Dokumentation der Abläufe werden Fehler leichter transparent und Doppelarbeiten können verhindert werden. Neben diesen Vorteilen erschwert die ISO-Norm ein flexibles und schnelles Reagieren der Mitarbeiter auf veränderte Anforderungen. Da jeder Arbeitsschritt genau schriftlich festgelegt ist, können Arbeitsprozesse erst dann verändert werden, wenn auch das Qualitätssicherungshandbuch nach dieser Veränderung modifiziert wird. Dadurch erhöht sich der Zeitaufwand erheblich. Da die starre Vorgabe durch die schriftliche Dokumentation individuelle Unterschiede zwischen den Mitarbeitern nicht berücksichtigt, ist weiters zu vermuten, daß einige Mitarbeiter einen subjektiven Freiheitsverlust erleben werden. Diese erlebte Einschränkung des Handlungsspielraums führt zu Gefühlen der Reaktanz, die sich, wenn sie nicht kanalisiert werden können, hinderlich auf die Arbeitsleistung auswirken.

Das Total Quality Management (TQM) kann als philosophischer Ansatz gesehen werden, der nicht nur die Kundenzufriedenheit wie die Einführung von ISO-9000 als Hauptziel hat, sondern auch die Zufriedenheit und Qualität der Mitarbeiter im Firmenkonzept integriert. Der Mitarbeiter wird als interner Kunde gesehen, der aktiv bei Entscheidungen über Arbeitsabläufe involviert ist.

Die Qualität der Mitarbeiter wird in Form von Ausbildungen und Schulungen ständig verbessert, damit aufgrund der Eigenverantwortung und den geschulten Fertigkeiten, Fehler bereits vor Auftreten präventativ vermieden werden können. Ein weiteres wichtiges Merkmal von TQM ist das Time Based Management (TBM). Dieses zeitorientierte System hat als Ziel, Betriebsabläufe zu vereinfachen und damit nicht wertvermehrende Aktivitäten - wie Warten, Lagern aber auch Zwischenkontrolle - zu reduzieren. Diese Vorgabe erinnert an die Anweisungen zur ISO-Zertifizierung, wird aber bei TQM anders erreicht. TQM betont die Prozeßqualität, die aufgrund motivierter und gut geschulter Mitarbeiter ständig verbessert werden soll, während ISO-9000 als statische Qualitätskontrolle Abweichungen vom schriftlichen, idealen Produktionsablauf feststellt und damit auf hohe Produktqualität abzielt, ohne die Eigenverantwortlichkeit der Mitarbeiter zu berücksichtigen.

Die Normen der ISO-9000 als Managementwerkzeug und Total Quality Management als Firmenphilosophie sollen Unternehmen wettbewerbsfähig erhalten. Das wichtigste Unterscheidungskriterium zwischen TQM und den Zielen der ISO-Normen liegt darin, daß TQM neben dem Kunden auch den Mitarbeitern einen hohen Stellenwert zuweist. Diese Zuwendung zum Mitarbeiter bringt TQM einen Motivationsvorsprung zu herkömmlichen Organisationssystemen ein. Die Implementierung von TQM kostet zwar mehr Zeit und Geld, bringt aber wahrscheinlich aufgrund des dynamischen, adaptiven Systems auf lange Zeit den größten Nutzen.

2. Markt und Konsumpsychologie

Der Markt stellt den realen, aber auch virtuellen Platz dar, auf dem sich Anbieter und Konsumenten treffen, um Produkte und Dienstleistungen auszutauschen. Für die Markt und Konsumpsychologie ist die Erforschung der Wirkung der Instrumente des Marketing-Mixes, mit denen Anbieter mit möglichen Käufern in Verbindung treten, besonders wichtig. Ein Teil des Marketing-Mix, die Kommunikationspolitik, wird im folgenden besonders hervorgehoben, da sie als Ziel hat, den möglichen Kunden mit direkten Informationen im Sinne des Marketings zu beeinflussen und sich deshalb meist psychologischer Methoden bedient. Trotzdem kann das Marketing nicht als einseitige Beeinflussung der Konsumenten interpretiert werden, da jede Marketingstrategie auf die Motive und Bedürfnisse der Konsumenten Rücksicht nehmen muß, die sich im Laufe der Zeit aufgrund neuer Technologien, Moden und Lebensstile ändern können. Beispielsweise entstehen neue Kaufentscheidungsmustern, die den Kauf bestimmter Produkte und Produktkategorien begünstigen und deshalb neue Marketingstrategien erfordern. Die Sichtweise der Interaktion zwischen trendorientiertem Marketing und Konsumentenbedürfnissen bewirkt eine Integration der Konsumentenforschung in die Disziplin der Markt- und Konsumpsychologie.

3.1. Marketing-Mix

Der Marketing-Mix umfaßt alle Instrumentarien der Absatzpolitik und besteht aus der Produkt-, Preis-, Distributions- und Kommunikationspolitik. Während sich die Kommunikationspolitik das Ziel setzt, den möglichen Käufer direkt zu informieren, vermitteln die Produktpolitik, die Preispolitik und die Art der Verteilung indirekte Informationen über das Produkt.

Außerhalb von Nischen verfolgt die Preispolitik das Ziel, das eigene Produkt so zu gestalten, daß es sich vom Angebot konkurrierender Marken eindeutig erkennbar abhebt. Allerdings sind sich auf gesättigten Märkten konkurrierende Produkte bezüglich ihrer Qualität und Ausstattung ähnlich und unterscheiden sich - wenn überhaupt - nur über ihren Zusatznutzen. Ob Levis, Diesel oder Replay, grundsätzlich bieten diese mit mindest 100 anderen Marken Freizeitkleidung, vor allem Jeans, am österreichischen Markt an, die alle den Grundnutzen einer Hose wie Schutz vor Kälte und Robustheit erfüllen. Unterschiede ergeben sich zwischen den Marken nur aufgrund der verschiedenen Wahrnehmung der Markenimages: So gilt Levis als modern, sportlich und jugendlich, Replay als elitär und Diesel haftet italienischer Chic an (Meier, 1994). Das Markenimage kann nach Kroeber-Riel (1994) dem psychologischen Einstellungsbegriff gleichgesetzt werden, und dient dazu, Produkte verschiedener Marken am Markt zu positionieren. Eine klare, eigene Produktpositionierung im Sinne der Produktpolitik zeichnet sich dadurch aus, daß sie weit von den Images der Konkurrenzmarken liegt. Nur durch eine eindeutige Trennung der konkurrierenden Produktimages wird dem Problem der Austauschbarkeit entgegengewirkt und können jeweils spezifische Zielgruppen angesprochen werden.

Die Festsetzung des Produktpreises sollte neben ökonomischen Überlegungen auch psychologische Aussagen über die Wirkung des Preises auf die Wahrnehmung der Produktqualität berücksichtigen. Der subjektive Schluß von dem Preis eines Produktes auf dessen Qualität kann objektiv nicht immer bestätigt werden. So zeigen Untersuchungen der Zeitschrift "Konsument", daß im direkten Produktvergleich die Korrelation zwischen Produktpreis und objektiver Qualität schwankte und nur selten den erwarteten positiven Zusammenhang zeigte. Trotzdem wird der Preis besonders dann als Qualitätsindikator herangezogen, wenn die Qualität des Produktes auch beim direkten Gebrauch nur schwer feststellbar ist (z. B. Kosmetik, Arzneimittel). Die Preis-Qualität-Illusion kann theoretisch anhand der sozialen Wahrnehmungstheorie (Bruner & Postman, 1949) erklärt werden, derzufolge der Preis als Schlüsselreiz wirkt und Erwartungen über die Qualität des Produktes auslöst. Das endgültige Qualitätsurteil entsteht als Kompromiß zwischen den Qualitätserwartungen und der direkt wahrgenommenen Qualität. Das endgültige Urteil wird dann besonders durch zuvor getroffene Erwartungen verzerrt sein, wenn wenige oder nicht eindeutige Informationen über das Produkt vorliegen (Kirchler, 1995).

Die Distributionspolitik bestimmt den für das Produkt optimalen Distributionsweg, der ebenso auf prinzipiellen Überlegungen über die Art des Austausches zwischen Anbieter und Käufer basiert (Versand, Vetreter, Geschäft), als auch detailliertere Entscheidungen über die Auswahl des passenden Geschäfts und die Art der Warenplazierung integriert. Die Wahl des passenden Distributionsweges wird auch aus psychologischer Sicht als wichtig erachtet, da die Distributionsart Erwartungen beim Konsumenten auslöst, die mit der Art des Produktes korrespondieren oder ihr widersprechen können. Hochpreisige Markenartikel wie beispielsweise Armani-Anzüge werden in Textil-Großmärkten liegen bleiben, wie auch billige T-Shirts aus China in einer Nobelboutique selten Käufer finden werden. Auch bei der Warenplazierung und der Gestaltung des Geschäftes sollten psychologische Kniffe nicht unter-schätzt werden. Besonders attraktive Plätze (am Ende von Gängen, Sonderdisplays) sollten beispielsweise für Güter reserviert sein, die eher spontan gekauft werden. Während Güter des täglichen Bedarfs - wie beispielsweise Grundlebensmittel - bewußt an

schwer findbaren und unattraktiven Orten angepriesen werden, da diese Güter vom Kunden gekauft werden müssen, und der Kunde bei der längeren Suche danach auch länger dem Angebot anderer Güter ausgesetzt ist.
Auch wenn die Auswirkungen psychologischer Forschung im Bereich der Produkt-, Preis- und Distributionspolitik langsam seitens der Wirtschaft anerkannt werden, wird die Werbung als Teil der Kommunikationspolitik noch immer als das Kernstück der Markt- und Konsumpsychologie angesehen.

3.2. Kommunikationspolitik

Unter Kommunikationspolitik versteht Kirchler (1995) "...alle Maßnahmen eines Unternehmens, die darauf ausgerichtet sind, Informationen über das Angebot [...] zu vermitteln und die Empfänger im Dienste des Marketing zu beeinflussen" (S.168). Informationen werden vorrangig über die Wege der Massenkommunikation übermittelt, können allerdings auch in Form eines persönlichen Gesprächs wie beispielsweise durch Verkäufer oder Messeaussteller weitergegeben werden.

Die Komunikationspolitik kann als langer Arm der Produktpolitik gesehen werden, die durch das Weiterleiten von spezifischen Produktinformationen an den Kunden die, von der Produktpolitik geplante und angestrebte, Produktpositionierung am Markt umsetzt. Da die, von den Konkurrenz-marken differenzierte, Wahrnehmung der eigenen Marke aber von allen Anbietern gleichermaßen angestrebt wird, ist der Konsument einem Informationsüberangebot ausgesetzt. Nach Kroeber-Riel (1992) werden nur zwischen 1-2% der angebotenen Information auch wirklich vom Rezipienten wahrgenommen. Die Anbieter sind sich der Informationsflut bewußt und steigern ihren Anteil der Informationsmenge. Doch größeres Informationsangebot verstärkt nur das Problem der sinnlosen, weil nicht wahrgenommenen, angebotenen Information. Nach Poiesz (1993) ist deshalb weniger von einer Informationsüberflutung ("information overload" von

Burke & Srull, 1989) zu sprechen, sondern von einer sich drehenden, ewig verstärkenden "Informationsspirale" (S. 499).

Aufgrund der Informationsspirale sucht die Kommunikationspolitik nach neuen Wegen der Informationsübermittlung, die für den Kunden ein einfaches, kognitiv anspruchloses Aufnehmen der relevanten Information ermöglicht. Die zielgerichtete Integration von Produkten oder Dienstleistungen in den Handlungsablauf eines Kino-, Video- oder Fernsehprogramms (Bente, 1990), das sogenannte Product-Placement, kann als neue Werbestrategie gesehen werden. Beispielsweise fährt James Bond in seinem jüngsten Film die Automarke "BMW". Auch wenn dem Zuseher die umworbene Marke nicht bewußt auffällt, so wird trotzdem ein Imagetransfer von dem Helden auf die Automarke angenommen, die aufgrund der Verbindung zum James Bond Film als spannender, männlicher und sportlicher wahrgenommen werden sollte. Aus Sicht der Psychologie ist der angestrebte Imagetransfer nicht ganz unproblematisch. Es erscheint fraglich, ob während eines kurzen Spielfilms die Kombination zwischen dem neutralen Produkt und dem emotional besetzten Stimulus, in dem Fall James Bond, häufig genug geboten werden, daß Konditionierungsprozesse entstehen können. Wahrscheinlicher ist es, daß die Wirkung des Product-Placements auf dem "mere exposure effect" von Zajonc (1968) basiert. So konnten erst kürzlich Ye & VanRaaij (1996) wieder bestätigen, daß die bloße, oftmalige Darbietung eines Stimulus (in diesem Fall handelte es sich um einen Geschäftsnamen) zu einer positiven Einschätzung dieses Namens führt.

Wie das Beispiel des Product-Placements zeigt, wecken besonders neue Marketingstrategien die Neugier der Psychologie, die versucht, die psychologischen Wirkmechanismen der neuen Werbeform zu erkennen. Damit stellt sich die Marktpsychologie nicht nur in den Dienst des Marketings, sondern kann durch genaue Erklärung der Wirkung der Werbung auch dem Konsumenten helfen, sich - wenn gewünscht- diesem Einfluß zu entziehen.

3.2. Neue Kaufentscheidungsmuster

Die Ansicht, daß Kaufentscheidungsprozesse weitgehend rational ablaufen, prägte zwar lange Zeit die ökonomische Forschung, konnte sich allerdings in den empirischen Ergebnisse selten bestätigen. Die Art der Kaufentscheidung wird bestimmt durch individuelle Faktoren wie unter anderem das Involvement und durch Umgebungsvariablen wie die Kultur, soziale Klasse und die Situation (Engel, Blackwell & Miniard, 1995). Diese Variablen bestimmen den zeitlichen und kognitiven Aufwand des Konsumenten bei der Kaufentscheidung, der sehr hoch wie bei der normativen Kaufentscheidung sein kann, oder sehr gering wie beim Impulskauf. Zwischen diesen beiden extremen Kaufentscheidungsformen finden sich Abstufungen der Komplexität, wie Entscheidungsheuristiken, die in sich nur Teile des komplexen, normativen Entscheidungsprozesses integrieren.

In einer normativen, rational verlaufenden Kaufentscheidung werden wichtige Aspekte des zu kaufenden Produkts ausgewählt, alle alternativen Produkte am Markt bezüglich dieser Attribute analysiert und in eine Rangreihe gebracht. Das Produkt, das bezüglich der wichtigen Eigenschaften am besten abschneidet, wird letztendlich gekauft. Dieser Entscheidungsprozeß bedeutet für den Käufer einen erheblichen Aufwand, der sich nur dann bezahlbar macht, wenn das ausgewählte Produkt die Bedürfnisse des Käufers wesentlich besser erfüllt, als die anderen alternativen Marken. Wenn sich aber Produkte verschiedener Marken von ihrer Qualität nicht unterscheiden, geht der Konsument beim Kauf kein besonderes Risiko ein, da alle verfügbaren Marken seine Bedürfnisse gleichermaßen befriedigen können. Risikoaversion des Kunden wurde ursprünglich als Rechtfertigung für die aufwendige, normative Kaufentscheidung (Olshavsky & Granbois, 1979) gesehen, verliert aber als Motiv auf gesättigten Märkten Gültigkeit und führt dazu, daß normative Kaufentscheidungsprozesse in ihrer Komplexität nur mehr selten auftreten.

Anstelle der rationalen, extensiven Kaufentscheidungen treten verkürzte, mehr affektiv geprägte Enscheidungsmuster. Die vorrangig rationale Basis der normativen Entscheidung nimmt zugunsten von hedonistischen Aspekten ab. Im extremsten Fall dient das "Einkaufen gehen" nicht der Auswahl des idealen Produktes, sondern ausschließlich der Abwechslung, dem Zusammentreffen mit anderen Personen, der Stimmungsaufhellung und der Selbstbelohnung. Das Marketing reagiert auf diese Veränderung der Kaufmuster und fördert den spontanen hedonistisch geprägten Einkauf auf vielfältige Weise: Der Geruch nach frischem Brot umfängt den möglichen Käufer sogar in einem Tankstellenshop, über das Fernsehen ist Einkaufen rund um die Uhr möglich, und Slogans wie "man gönnt sich ja sonst nichts" unterstützen genußorientierte Lebens-einstellungen. Und wenn sich der Konsument einmal mit dem Problem einer wichtigen, teureren Investition konfrontiert sieht, ist es für ihn wahrscheinlich ökonomischer, die Auswahl einer Bestpreis-Firma zu überlassen, als sich selbst auf die Suche nach dem Produkt mit dem besten Preis-Leistungsverhältnis zu machen.

3. Ökonomische Psychologie

Obwohl die Ökonomische Psychologie innerhalb der Wirtschaftspsychologie die jüngste Disziplin darstellt, haben einige ihrer Themen eine lange Forschungstradition, wie beispielsweise die Studien zur Steuerpsychologie, die auf Günter Schmölders (1960) zurückgehen. Die meisten Themen der Ökonomischen Psychologie werden zwar getrennt behandelt, gehen aber auf eine Grundproblematik zurück: Auf die Schwierigkeit, vom individuellen Erleben und Verhalten auf kollektive Interessen zu schließen und umgekehrt. Die Notwendigkeit, Steuern zu bezahlen, kann als Beispiel für den Grundkonflikt zwischen persönlichen und staatlichen Interessen gesehen werden. Obwohl ein finanzkräftiger Staat von jedem Staatsbürger als positiv beurteilt wird, fehlt oft die Einsicht in die kausale Verbindung zwischen den Kosten, persönlich Steuern zu zahlen und den Nutzen, den man selbst wie alle Bürger aus den Staatsleistungen zieht. Bei der

Steuerpsychologie zeigte sich der Schluß vom individuellen, nutzenmaximierenden Verhalten auf aggregiertes Verhalten als trügerisch, bei der Wohlfahrtsforschung der Schluß von aggregierten Wirtschafts-daten auf nationale Zufriedenheitswerte als unzutreffend.

4.1. Die Psychologie der Steuer

Wären alle Steuerzahler rational und nutzenmaximierend denkende und handelnde Personen, dann wäre Steuerhinterziehung als Funktion des Steuersatzes, der Strafe auf Steuerhinterziehung und der Wahrscheinlichkeit der Entdeckung der Steuerhinterziehung absolut erkärbar (Allingham & Sandmo, 1972). Dieser rationalen Kosten-Nutzenanalyse setzte Schmölders bereits 1960 die Begriffe der Steuermoral und -mentalität entgegen. So beschreibt die Steuermoral die Einstellung gegenüber dem Steuerdelikt und die Steuermentalität die Einstellung zur Besteuerung generell. In einer empirischen Untersuchung konnte Schmölders (1975) zeigen, daß Personen mit einer hohen Steuermoral auch dann keine Steuern hinterziehen, wenn sie aus der Steuerhinterziehung ihren persönlichen, maximalen Nutzen ziehen könnten.

In den letzten 30 Jahren entwickelten sich innerhalb der Steuerpsycho-logie zwei getrennte Forschungsansätze (Webley, Robben, Elffers & Hessing, 1991): Einerseits wird versucht, konzeptuelle Modelle der Steuerhinterziehung zu entwicklen, die die wichtigsten Einflußfaktoren und Interdependenzen zwischen den Variablen enthalten. Diese Modelle (Lewis, 1982; Groenland & VanVeldhoven, 1983) zeichnen sich zwar durch relative Vollständigkeit der berücksichtigten Variablen aus, sind aber wegen ihrer Komplexität schwer empirisch überprüfbar.
Im zweiten Forschungsansatz wird versucht, die Erklärungskraft bekannter sozialpsychologischer Theorien bezüglich des Phänomens der Steuerhinterziehung zu testen. Damit wird zwar auf komplexe Modelle verzichtet, allerdings können spezifische

Ergebnisse als Mosaiksteine gesehen werden, die aufgrund ihrer empirischen Gültigkeit einmal ein einheitliches Bild weisen werden. Beispielsweise bedient sich das Modell von Weigel, Hessing & Elffers (1987) der Theorie des Sozialen Dilemmas: Staatsbürger stehen im Brennpunkt zwischen eigenen und staatlichen, gesellschaftlichen Interessen. Der Konflikt zwischen dem eigenen Vorteil - Steuern zu hinterziehen - und der Notwendigkeit von Steuern für Bildung, Infrastruktur und sozialer Wohlfahrt auf Staatsebene betrifft nicht nur das Individuum, sondern alle Staatsbürger und wird somit zum sozialen Dilemma. Durch die Situation des sozialen Dilemmas wird der einzelne Steuerhinterzieher zum Nutznießer der Steuerzahler. Allerdings bricht das System zusammen, wenn sich alle Staatsbürger auf das Zahlen der anderen verlassen und selbst keine Steuern zahlen.

Neuere Untersuchungen der Steuerpsychologie beziehen sich nicht nur auf die Theorie der Reaktanz (Kirchler, 1996) und Theorien über Gerechtigkeitsempfindungen, sondern weisen besonders der Prospect-Theorie großen Erklärungswert zu (Schepanski & Shearer, 1995). Die Prospect-Theorie besagt, daß bei der Aussicht auf sicheren Gewinn risikoloses Verhalten bevorzugt wird, während bei unsicherem Verlust eher risikoreiches Handeln stattfindet (Kahneman & Tversky, 1979). Angewandt auf die Steuerpsychologie bedeuten diese Voraussagen, daß Personen bei der Aussicht auf eine sehr wahrscheinliche Steuerrückzahlung (Gewinn) weniger Steuern hinterziehen (risikovermeidendes Verhalten), als Individuen, die einer unangenehmen Steuernachzahlung (Verlust) entgegensehen. Dieses Ergebnis führt Schepanski & Shearer (1995) zu dem Schluß, daß Steuerzahler ihr Einkommen wesentlich wahrheitsgemäßer angeben würden, wenn sie eine Rückzahlung erwarteten. Und dieser Fall wäre nur dann wahrscheinlich, wenn das Finanzamt während des Verrechnungsjahres gezielt zuviel an Steuern einfordern würde.

Auch wenn die Annahme, daß sich Individuen nutzenmaximierend rational verhalten, plausibel ist, konnte der einfache Rückschluß auf die Tendenz zur kollektiven Steuerhinterziehung nicht empirisch bestätigt werden, da persönliche Charakteristika wie Altruismus, Normgebundenheit, Gerechtigkeitsempfindungen und Risikoaversion Staatsbürger zum Glück davon abbringen, rein rational egoistisch zu agieren.

4.2 Wohlfahrtsforschung

Aus Sicht der Wirtschaftswissenschaften dienen Güter dazu, Bedürfnisse zu befriedigen. Daraus folgt, daß mit verstärkter Kaufkraft mehr Bedürfnisse gestillt werden können und die subjektive Zufriedenheit zunimmt. Diese Annahme brachte Easterlin 1974 zu Fall, als er die Beziehung zwischen dem Bruttonationalprodukt und persönlichem Wohlbefinden im interkulturellen Vergleich untersuchte. Das Ergebnis erbrachte keinen signifikanten Zusammenhang zwischen nationalem Einkommen und subjektiver Zufriedenheit und ging als Easterlin-Paradoxon in die Literatur ein. Dieses Paradoxon wurde wegen seiner politischen Konsequenzen heftig kritisiert und konnte von Veenhoven (1993) widerlegt werden. Veenhoven (1993) verglich nicht nur wie Easterlin (1974) relativ reiche Nationen miteinander, sondern nahm auch wirtschaftlich arme Länder wie Mexiko, Korea und Griechenland in die Analyse. Sei es durch die zeitliche Distanz zwischen den empirischen Untersuchungen von Easterlin und Veenhoven oder durch den Globalisierungseffekt, auf jeden Fall konnte Veenhoven (1993) zeigen, daß abhängig vom materiellen Wohlstand die subjektive Zufriedenheit in reichen Ländern wesentlich höher war, als in armen Ländern.

Der Zusammenhang zwischen Wohlbefinden und den materiellen Möglichkeiten wurde nicht nur im interkulturellen Vergleich, sondern auch intrakulturell untersucht. Scitovsky (1977) verglich Zufriedenheitswerte, die jährlich in den USA erhoben wurde, im Zeitraum von 1946-1970 mit dem durchschnittlichen Einkommen. Obwohl die befragten Personen im zeitlichen Verlauf immer mehr Geld zur Verfügung hatten, stiegen die Zufriedenheitsangaben nicht proportional dazu. Dieses Phänomen läßt sich anhand sozialer Vergleichsprozesse erklären. Weniger das absolute Einkommen kann subjektives Wohlbefinden bewirken, sondern der relativ zur Referenzgruppe größere Reichtum (Diener, 1984). "To keep up with the Joneses" kann dieses Prinzip beschreiben. Das Schloß mit Swimmingpool wird erst in einer Gegend mit normalen Reihenhäusern zu etwas Besonderem, in Beverly Hills gehört es neben den anderen Prachtbauten zum Standard.

Wenn Geld nur dann glücklich macht, wenn man mehr als der Nachbar hat, aber der Wohlstand der Referenzgruppe über die Zeit zunimmt, dann führt das Streben nach mehr Geld und damit auch nach mehr Glück zu einem ständigen Wettbewerb und zu einer "Mühle des Produzierens und Konsumierens" (Kirchler, 1995, S.267). Als Beweis, daß dieses Gedankenexperiment bereits Realität wurde, können Untersuchungen zur Persönlichkeitseigenschaft des Materialismus herangezogen werden. Materialismus als persönliche Charakteristik wurde erst in den 80er Jahren in der Konsumentenforschung publik und beschreibt "the importance a consumer attaches to wordly possessions" (Belk, 1985, S. 265). Nach Richins & Dawson (1992) bezeichnen Materialisten ihren Besitz als einzige Quelle der Zufriedenheit, sind deshalb bestrebt, ihre Besitzgüter ständig zu vermehren, und verstehen das Ausmaß von Besitz als Maßstab für Erfolg. Hohe Materialismuswerte werden als Kennzeichen der westlichen Kulturen und als Begleiterscheinung der Marktwirtschaft angesehen. So zeigt eine aktuelle Untersuchung von Ger & Belk (1996), daß besonders Personen aus den östlichen europäischen Staaten mit jungen Marktwirtschaften hohe Materialismuswerte aufzeigen. Aus Sicht der Wirtschaftswissenschaften wird die Tendenz zum Materialismus positiv gesehen, weil Materialismus das Prinzip der Marktwirtschaft fördert.
Neue psychologische Ergebnisse zeigen aber auch die Kehrseite einer stark material-istischen Lebenseinstellung: In Kombination mit Selbstwertdefiziten begünstigt Materialismus Verschuldung (Lunt & Livingstone, 1992) und die Entwicklung zur Kaufsucht (Dittmar, Beattie, Friese, 1996).

5. Resumée

Der vorliegende Artikel soll einen kleinen Einblick in das weitreichende Forschungs- und Anwendungsfeld der Wirtschaftspsychologie geben, die vier Disziplinen, die Arbeits- und Organisationspsychologie, und die Markt- und Ökonomische Psychologie in sich vereint. Die vorgestellten Themen sind teilweise Forschungsgebiete, die schon lange das Interesse der Psychologie wecken, wie beispielsweise die Erforschung der Motivation, der Kommunikationspolitik und der Steuerpsychologie. Auch neuere Fragestellungen der Wirtschaftspsyhologie wie beispielsweise Studien zum Coaching und zur Telearbeit wurden kurz umrissen, um zu zeigen, daß die Wirtschaftspsychologie kein starres Forschungsschema hat, sondern bemüht ist, Veränderungen der Arbeit und der Wirtschaft aufzugreifen und psychologische Erklärungsmuster zu prüfen und anzuwenden.

Literatur

Allingham, M. G. & Sandmo, A. (1972). Income tax evasion: A theoretical analysis. Journal of Public Economics, 1, 323-338.

Atkinson, J. W. (1957). Motivational determinants of risk-taking behavior. Psychological Review, 64, 359-372.

Bauer, R. (1995). Coaching. In A. Kieser (Hrsg.), Handwörterbuch der Führung (2. Aufl.). Stuttgart: Schäffer-Poeschel.

Belk, R. W. (1985). Materialism: Trait aspects of living in the material world. Journal of Consumer Research, 12, 265-280.

Brandstätter, H. (1977). Wohlbefinden und Unbehagen. In W H. Tack (Hrsg.), Bericht über den 30. Kongreß der Deutschen Gesellschaft für Psychologie in Regensburg. Göttingen: Hogrefe.

Bruner, J. S. & Postman, L. (1949) Perception, cognition and behavior. J of Personality, 18, 5 f

Burke, R. R. & Srull, T. K. (1988) Competitive interference and consumer memory for advertising. Journal of Consumer Research, 15, 55-68.

Diener, E. (1984). Subjective well-being Psychological Bulletin, 95, 542-575.

Dittmar, H., Beattie, J & Friese, S. (1996) The role of self-discrepancies in shopping addiction. Paper presentiert auf dem 21th Kongreß der IAREP, Paris, 11.-15. September

Easterlin, R A. (1974). Does economic growth improve the human lot? In P. A. David & M. W. Reder (Eds), Demographic and Economic Change in Developed Countries. Princeton: university Press.

Emery, F. E. (1959). Characteristics of Sociotechnical Systems. London; Travistock Document (No. 527).

Engel, J. F., Blackwell, R. D. & Miniard, P. W. (1995). Consumer Behavior (8. Ed.). Forth Worth: Dryden Press.

Etzioni, A. (1988). The Moral Dimension. Toward A New Economics New York: Free Press.

Ger, G & Belk, R W. (1996). Cross-cultural differences in materialism. Journal of Economic Psychology, 17, 55-77.

Godehardt, B. (1994). Telearbeit - Rahmenbedingungen und Potentiale. Opladen: Westdeutscher Verlag.

Gray, M., Hodson, N. & Gordon, G. (1993). Teleworking Explained. Chichester: John Wiley and Sohns.

Groenland, E. A. G. & VanVeldhoven, G. M. (1993). Tax evasion behavior: A psychological framework. Journal of Economic Psychology, 3, 129-144

Hackman, J. R. & Oldham, G. R. (1975). Development of the Job Diagnostic Survey Journal of Applied Psychology, 60, 59-170.
Heckhausen, H. (1987). Perspektiven einer Psychologie des Wollens In H. Heckhausen, P. M. Gollwitzer & F. E. Weinert (Hrsg.), Jenseits des Rubikons. Der Wille in den Humanwissenschaften (S. 121-142). Berlin: Springer.
Jaeger, C., Bieri, L. & Dürrenberger, G. (1987) Telearbeit - von der Funktion zur Innovation. Zürich.
Kahneman, D. & Tversky, A. (1979). Prospect theory: an analysis of decision under risk. Econometrica, 47, 263-291.
Kirchler, E. M (1995). Wirtschaftspsychologie. Grundlagen und Anwendungen der Ökonomischen Psychologie. Göttingen: Hogrefe.
Kirchler, E. (1996) Reactance to taxation: Employer's attitutes towards taxes. Paper presentiert auf dem 21. Kongreß der IAREP, Paris, 11 -15. September.
Konermann, F. (1987) Telearbeit - Neue Form der Arbeitsflexibilisierung. Communications, 13, 27-41.
Kroeber-Riel, W (1992). Konsumentenverhalten (5. Aufl.). München: Vahlen.
Kubicek, H. (1988). mögliche Formen der Telearbeit - Einsiedelei und Satellitenbüros. In DGB - Bundesvorstand (Hrsg.), Telearbeit. Elektronische Einsiedelei oder neue Form der persönlichen Entfaltung. Hamburg: Verlag unbekannt
Kuhl, J. (1983) Motivation, Konflikt und Handlungskontrolle. Berlin: Springer.
Lewis, A. (1982). The Psychology of Taxation. Oxford: Martin Robertson.
Locke, E. A. (1976). The nature and causes of job satisfaction. In M. D. Dunette (Ed.), Handbook of Industrial and Organizational Psychology (p. 1297-1349). Chicago: Rand McNally.
Locke, E. A. & Henne, D. (1986) Work motivation theories In C. L. Cooper & I. T. Robertson (Eds.), Intern. Review of Industrial and Organizational Psychology (p 1-35) Chicago: Wiley.
Looss, W (1992). Coaching: Beziehungsarbeit mit Führungskräften. In R. Nager (Hrsg.), Consulting '92, das Handbuch für Unternehmensberatung in Österreich (S. 116-119). Wien Falter.
Lunt, P. K & Livingstone, S. M. (1992) Mass Consumption and Personal Identity. Buckingham: Open University Press.
Meier, K. (1994). Psychologische Aspekte des Konsumverhaltens Jugendlicher. Unveröffentlichte Diplomarbeit der Universität Wien.
Olshavsky, R. W. & Granbois, D. H. (1979). Consumer decision making - fact or fiction ? Journal of Consumer Research, 6, 93-100.
Poiesz, T. B. C. (1993) The changing context of consumer psychology. Journal of Economic Psychology, 14, 495-506.
Richins, M. L. & Dawson, S. (1992). A consumer values orientation for materialism and its measurement: Scale development and validation. Journal of Consumer Research, 19, 303-316.
Reiterer, H. (1986). Computerheimarbeit in Österreich: Chancen der Ausbreitung und der damit verbundenen möglichen Auswirkungen Unveröffentlichte Diplomarbeit der Universität Wien.
Rohmert, W. (1972). Aufgaben und inhalte der Arbeitswissenschaften. Die berufsbildende Schule, 24, 3-14.
Schepanski, A. & Shearer, T. (1995). A prospect theory account of the income tax withholding phenomenon. Organizational Behavior and Human Decision Processes, 63, 174-186.
Schmölders, G. (1960). Finanzpsychologie. Das Irrationale in der öffentlichen Finanzwirtschaft Hamburg.
Schmölders, G. (1975). Einführung in die Geld- und Finanzpsychologie. Darmstadt: Wissenschaftliche Buchgesellschaft.
Schreyögg, A. (1995) Coaching: Eine Einführung für Praxis und Ausbildung. Frankfurt/Main: Campus.
Scitovsky, T. (1977). Psychologie des Wohlstands. Die Bedürfnisse des menschens und der Bedarf der Verbraucher. Frankfurt: Campus.
Udris, I. & Alioth, A. (1980). Fragebogen zur subjektiven Arbeitsanalyse (SAA). In E. Martin, I. Udris, U. Ackermann & K. Oeger (Hrsg.), Monotonie in der Industrie. Bern: Huber.
Ulich, E. (1991). Arbeitspsychologie. Stuttgart: Poeschel
Veenhoven, R. (1993). Is happiness a trait? Test of the theory that a better society does not make people happier. Arbeitspapier des Wissenschaftszentrums für Sozialforschung (WZB), 93-104
Webley, P., Robben, H , Elffers, H. & Hessing, D. (1991). Tax Evasion. An Experimental Approach. Cambridge: University Press.
Weigel, R. H., Hessing, D. J. & Elffers, H. (1987) Tax evasion research: A critical appraisal and a theoretical model. Journal of Economic Psychology, 8, 215-235.
Ye, G. W. & Van Raaij, W. F. (1996). What inhibits the mere exposure effect: Recollection or familiarity ? Management Report, Rotterdam: Erasmus University.
Zajonc, R. B. (1968). Attitudinal effects of mere exposure. Journal of Personality And Social Psychology,Monographs, 2, 1-27.

Action Learning -
The Cornerstone for Building a Learning Organization
Michael J. MARQUARDT

Senge (1990) states that a learning organization must be able to integrate work with learning, that only through continuously reflecting on our activities can we become a learning organization.
Perhaps no tool is more effective in building a learning organization than action learning (Marquardt and Carter, 1998). Lex Dilworth (1995) has called action learning "the DNA of a learning organization" since action learning both enables and forces organizations to continuously learn on an organization-wide basis and thereby be better able to adapt to the continuously changing environment. As Reg Revans (1982), the founder of action learning notes, action learning creates "constant learning opportunities for people. It creates a culture and morale for learning."

WHAT EXACTLY IS ACTION LEARNING?

Simply described, action learning is both a dynamic process and a powerful program. It involves a small group of people solving real problems, while at the same time focusing on what they are learning and how their learning can benefit each group member, the group itself, and the organization as a whole (Marquardt, 1999).

Action learning program derives its power and benefits from six interactive and interdependent components. The strength and success of action learning is built upon how well these elements are employed and reinforced.

1. A problem (project, challenge, opportunity, issue or task)
Action learning is built around a problem (be it a project, a challenge, an issue, or task), the resolution of which is of high importance to an individual, team and/or organization. The problem should be

significant, be within the responsibility of the team, and provide opportunity for learning. Why is the selection of the problem so important? Because it is one of the fundamental beliefs of action learning that we learn best when undertaking some action, which we then reflect upon and learn from. The main reason for having a problem or project is that it gives the group something to focus on that is real and important, that is relevant and means something to them. It creates a "hook" on which to test stored-up knowledge.

2. An action learning group or team

The core entity in action learning is the action learning group (also called a set or team). The group is composed of 4-8 individuals who examine an organizational problem that has no easily identifiable solution.

Ideally, the make-up of the group is diverse so as to maximize various perspectives and to obtain fresh viewpoints. Depending upon the type of action learning problem, groups can be composed of individuals from across functions or departments.

In some situations, groups are comprised of individuals from other organizations or professions; for example, the company's suppliers or customers.

3. A process that emphasizes insightful questioning and reflective listening

By focusing on the right questions rather than the right answers, action learning focuses on what one does not know as well as on what one does know.

Action learning tackles problems through a process of first asking questions to clarify the exact nature of the problem, reflecting and identifying possible solutions, and only then taking action.

Action learning employs the formula: L = P + Q + R; i.e., Learning = **Programmed** knowledge (i.e., knowledge in current use, in books, in one's mind, in organization's memory, lectures, case studies, etc.) + **Questioning** (fresh insights into what is not yet known) plus **Reflection** - recalling, thinking about, pulling apart, making sense, trying to understand).

4. A resolution of taking action

For action learning advocates, there is no real learning unless action is taken, for one is never sure the idea or plan will be effective until it has been implemented. Therefore members of the action learning group must have the power to take action themselves or be assured that their recommendations will be implemented, (barring any significant change in the environment or the group's obvious lack of essential information). Action enhances learning because it provides a basis and anchor for the critical dimension of reflection described earlier.

5. A commitment to learning

Solving an organizational problem provides immediate, short-term benefits to the company. The greater, longer-term, multiplier benefit, however, is the learning gained by each group members and how the group's learnings can be applied on a systems-wide basis throughout the organization. The learning that occurs in action learning has greater value strategically for the organization than the immediate tactical advantage of early problem correction. In action learning, the learning is as important as the action. Action learning places equal emphasis on accomplishing the task and on the learning/development of individuals and organizations.

6. A group facilitator

Facilitation is important to help the group slow down their process in order to allow sufficient time to reflect on learning. A facilitator may be a working group member (possessing familiarity with the problem being discussed) or an external participant (not necessarily understanding the problem content or organizational context, but possessing action learning facilitation skills).

The facilitator is very important in helping participants reflect both on what they are learning and how they are solving problems. He/she helps group members reflect on how they listen, how they may have reframed the problem, how they give each other feedback, how they are planning and working, and what assumptions may be shaping their beliefs and actions. The set advisor also helps participants focus on what they are achieving, what they are finding difficult, what processes they are employing and the implications of these processes.

How Action Learning Contributes to Building a Learning Organization

Each of these six components contribute to the building of a learning organization due to the fact that action learning:

- is designed to systematically transfer knowledge throughout the organization
- enables people to learn by doing
- helps develop learning how to learn skills
- encourages continual learning
- creates a learning culture where learning becomes a way of life
- is an active rather than a passive approach
- is done mainly on the job rather than off the job
- allows for mistakes and experimentation
- develops skills of critical reflection and reframing
- is a mechanism for developing learning skills and behavior
- demonstrates the benefits of organizational learning
- models working and learning simultaneously
- is problem-focused rather than hierarchically bound
- provides network for sharing, supporting, giving feedback and challenging assumptions
- develops ability to generate information
- breaks down barriers between people and across traditional organizational boundaries
- helps an organization move from a culture of training (in which someone else determines and provides your development) to a culture of learning (in which everyone is responsible for their own continuous learning)
- is systems-based

- applies learnings to other parts of the organization as appropriate (Marquardt and Reynolds, 1994; Marquardt, 1999)

FOUR SUBSYSTEMS OF THE LEARNING ORGANIZATION

Each of these characteristics is part and parcel of the systems approach of viewing a learning organization.
In this systems learning organization model (Marquardt, 1996), there are four subsystems
1) learning dynamics, 2) organization transformation, 3) people empowerment, and 4) knowledge management that interface and support one another, all of which are strengthened via action learning:

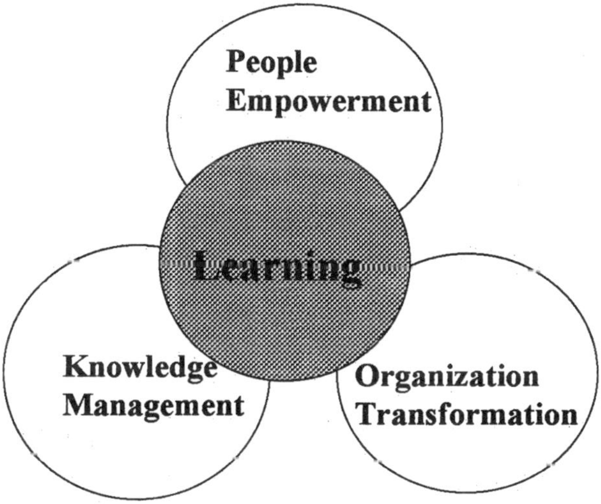

LEARNING ORGANIZATION MODEL

(figure 1)

1. Learning Subsystem

The learning subsystem refers to a) levels of learning, b) types of learning and c) learning skills.

a. Levels of Learning

There are three levels of learning present in learning organizations:

Individual learning refers to the change of skills, insights, knowledge, attitudes and values acquired by a person through self-study, technology-based instruction, and observation.
Group or team learning alludes to the increase in knowledge, skills and competency that is accomplished by and within groups.
Organization learning represents the enhanced intellectual and productive capability gained through corporate-wide commitment and opportunity to continuous improvement. It differs from individual and group/team learning in two basic respects. First, organizational learning occurs through the shared insights, knowledge and mental models of members of the organization. Second, organizational learning builds on past knowledge and experience, on organizational memory that depends on institutional mechanisms (e.g., policies, strategies, and explicit models) used to retain knowledge.

b. Types of learning

There are several types or ways of learning that are of significance and value to the learning organization. Although each type is distinctive, there is often overlap and complementarity of the various types. Therefore, a particular learning occurrence may be classified as being of more than one type.
Adaptive learning is learning from the experience and reflection. **Anticipatory learning** is the process of acquiring knowledge from expecting the future (a vision-action-reflection approach) whereas **generative learning** is the learning that is created from reflection, analysis or creativity.
Single-loop, double loop and deutero learning are types of learning are differentiated by the degree of reflection placed on action that has occurred in the organization.

c. Skills of organizational learning
Four key skills are needed to initiate and maximize organizational learning, namely,

Systems thinking which represents a conceptual framework one uses to make full patterns clearer, and to help one see how to change them effectively

Mental models are the deeply ingrained assumptions that influence how we understand the world and how we take action. For example, our mental model or image of learning or work or patriotism impacts how we relate and act in situations where those concepts are operating.

Personal mastery indicates the high level of proficiency in a subject or skill area. It requires a commitment to lifelong learning so as to develop an expertise or special, enjoyed proficiency in whatever one does in the organization.

Dialogue denotes the high-level of listening and communication between people. It requires the free and creative exploration of subtle issues, a deep listening to one another and suspending of one's own views. The discipline of dialogue involves learning how to recognize the patterns of interaction in teams that promote or undermine learning. For example, the patterns of defensiveness are often deeply ingrained in how a group of people or an organization operates. If unrecognized or avoided, they undermine learning. If recognized and surfaced creatively, they can actually accelerate learning. Dialogue is the critical medium for connecting, inventing and coordinating learning and action in the workplace.

How Action Learning Builds the Learning Subsystem
Action learning programs encourage and enable significant levels of learning to occur at the team and individual levels during the action learning sets. Perhaps, there is no greater demonstration of true team

learning sets. Perhaps, there is no greater demonstration of true team learning that what occurs during such set meetings where the entire group is developing common basic assumptions, common understanding of the problem and common growth in developing new knowledge.
Usually, at the end of the action learning meeting, the set seeks to identify ways in which its learning can be applied to the organization and thereby create organization-wide learning.

All types of learning are sought and developed in action learning programs. In reflecting on past actions, the group attempts to adapt the new action to better respond to the environment.
Anticipatory learning is acquired through the group's analysis of a variety of possible future scenarios or impacts of various actions. Almost continuously, action learning sets are generating innovative, new creative knowledge.

Finally, the time and space provided for deep and frequent reflection during the action learning sets provides the avenue for single, double, and even deutero learning.

Action learning provides the opportunity for people in the organization to build each of these learning disciplines.
In action learning sets we can reflect on our actions and the assumptions that underlie them. Action learning promotes "a depth and intensity of dialogue that is uncommon in the normal life experience." (Dilworth, 1998).

Revans (1982) notes that it is the "social dimension of action learning that provides the challenge to misconceptions and ingrained mental schemata which predispose a person to overlook the ways in which he/she needs to change."

In action learning we can explore real problems in a non-defensive way with supportive colleagues who feel free to criticize, question and advise. Inherent in this approach is the ability to acknowledge that we frequently act in ways that may be incongruent with what we espouse.

2. Organization Subsystem

The second subsystem of a learning organization is the organization itself, the setting and body in which the learning itself occurs. The four key dimensions or components of this subsystem are vision, culture, strategy, and structure

Culture refers to the values, beliefs, practices, rituals and customs of an organization. It helps to shape behavior and to fashion perceptions. In a learning organization, the corporate culture is one in which learning is recognized as absolutely critical for business success, where learning has become a habit and an integrated part of all organizational functions. This rich adaptable culture creates integrated relationships and enhances learning by encouraging values such as teamwork, self-management, empowerment and sharing. It is the opposite of a closed, rigid, bureaucratic architecture. Risks are encouraged and past methods are to be challenged.

Vision captures a company's hopes, goals, and direction for the future. It is the image of the organization that is transmitted inside and outside the organization. In a learning organization it depicts and portrays the desired future picture of the company in which learning and learners create continuously new and improving products and services. A shared company vision is one that fosters genuine commitment and enrollment rather than compliance.

Strategy relates to the action plans, methodologies, tactics and steps that are employed to reach a company's vision and goals. In a learning organization, these are strategies that optimize the learning acquired, transferred and utilized in all company actions and operations.

Structure includes the departments, levels, and configurations of the company. A learning organization is a streamlined, flat, boundaryless structure that maximizes contact, information flow, local responsibility and collaboration within and outside the organization.

How Action Learning Builds the Organization Subsystem

The culture created in action learning programs is one where learning is the most important and valuable objective. Throughout the action learning process there is an emphasis on how the group can continue to expand upon and speed up their knowledge and learning capacities. Members are encouraged and expected to take risks and try new ways.
They recognize that much of the greatest leaps in learning have come from learning from mistakes made.

Garratt (1991) remarks how action learning is particularly valuable in helping organizations develop a vision and culture committed to continuous learning. Schein (1993), a pioneer in understanding organizational culture and organizational change, notes that "for change (learning) to occur, the organization must unlearn previous beliefs, be open to new inputs and relearn new assumptions and behaviors."

Action learning is a powerful tool in helping to change these values and create these new visions.

Action learning organizations have a bias for reflection-in-action. The capacity to quickly take action and to generate information is critical to organizations. Senge (1990) observes that "learning cannot exist apart from action. Action provides a basis for the critical dimension of reflection." It is the expressed strategy of an action learning program to build in time, space and opportunities for learning. And no strategy is more powerful for producing organization-wide learning than getting large numbers of employees involved in action learning programs.

The structure of an action learning set is very fluid and flexible. Keeping the flow of questions and knowledge as clear and complete as possible is critical in processes such as reframing the problem, identifying possible actions, and providing frank feedback to one another. Needless protocol and bureaucracy and administrivia are discouraged. Leadership flows easily throughout the group.

3. People Subsystem

The people subsystem of the learning organization includes employees, managers/leaders, customers, business partners (suppliers, vendors, and sub-contractors) and the community itself.

Each of these groups is valuable to the learning organization, and all need to be empowered and enabled to learn.

Employees as learners are empowered and expected to learn, to plan for their future competencies, to take action and risks, and to take the initiative to solve problems. In learning organizations, they should be treated as mature, adult learners and be given authority and responsibility according to their learning capacities.

Managers / Leaders as learners carry out coaching, mentoring, and modeling roles with a primary responsibility of generating and enhancing learning opportunities for people around them. In addition to managing people, they should become proficient at managing knowledge. Revans (1980) once remarked, "encouraging autonomous learning is not managerial abdication." And finally, leaders should become champions of learning projects, including action learning programs

Customers can be a valuable source of information and ideas. They should thus be closely linked into the learning system and strategy of the organization. When possible, they should be offered training so as to become wiser customers and better able to advise relative to their future expectations from the company.

Partners, suppliers, and dealers as learners can receive and contribute to instructional programs. They can also benefit by sharing competencies and knowledge with the organization. Learning from and with suppliers, dealers, and partners should be a regular strategy of learning organizations.

Community groups as learners include social, educational and economic agencies that can share in the providing and receiving of learning. Involving the potential diversity of all these groups enhances product and service development.

How Action Learning Builds the People Subsystem

Action learning recognizes the importance of involving people from throughout the business chain in the problem-solving process. Action learning sets are most effective when customers, suppliers, and interested community members come together to ask fresh questions and share fresh perspectives.

Empowering people to take responsibility for themselves rather than waiting for outside expertise is a key value of action learning. Limerick et al. (1994) point out that there is within action learning programs "the explicit recognition that management's role is to provide continuous opportunities for employees' self-development."

Pedler (1991) notes that in learning organizations, a primary task of managers is to facilitate the staff's learning from experience. Through the experience of action learning, managers will recognize the importance of making time for seeking feedback, for obtaining data from a variety of perspectives, for encouraging new actions for old and new problems. They will also perceive the value in questioning their own ideas, basic assumptions, attitudes and actions.

Building learning alliances help organizations to achieve continuous improvement and develop the capacity to cope with discontinuous change. Learning from fresh faces is critical for success in action learning as it is in organizations. New partner and perspectives can:

- enlarge the range of the continuous environmental scanning ability of those in the alliance
- bring a wide analytical range, and a wider range of assumptions to the learning process, so that discontinuities are more likely to be recognized

- help member recognize and overcome defensive routines so that they can be more transcendent.
- take place at multiple levels within the alliance, and improve the learning of all members
- open up the boundaries of the organization, and make possible completely new organizational forms, constantly open to importing chaos and evolving new forms of order (Limerick et al., p. 36)

The origins of action learning can be traced to the creation of a learning alliance among colliery managers in Britain following nationalization of the British coal industry. Revans describes how he established a group of 22 managers, drawn from pits in England and Wales, to work together over 3 years on problems they identified as critical to their operations. Revans also developed alliances between medical professionals across a number of London hospitals and will as a learning community through a consortium of leading industrial organizations in Belgium

4. Knowledge Subsystem

The knowledge subsystem of a learning organization refers to the management of acquired and generated knowledge of the organization. It includes the acquisition, creation, storage, transfer and utilization of knowledge.

Acquisition refers to the collection of existing data and information from within and outside the organization via benchmarking, conferences, environmental scans, Internet, use of consultants, publications, and research

Creation involves new knowledge that is created within the organization through problem solving and insights as well as the conversion of tacit and explicit knowledge. Experimentation, demonstration projects, and reflecting on past and current programs increase the innovativeness of the company.

Storage is the coding and preserving of the organization's valued knowledge for easy access by any staff member, at any time, and from anywhere. The knowledge should be categorized according to learning needs, work objective, user expertise, and function. It needs to be structured and stored so that it can be found and delivered quickly and accurately.

Transfer and utilization includes the mechanical, electronic and interpersonal movement of information and knowledge, both intentionally and unintentionally, throughout the organization as well as its application and use by members of the organization.

The knowledge elements of organizational learning are ongoing and interactive instead of sequential and independent. The collection and distribution of information occurs through multiple channels, each having different time frames. An example is an on-line newsletter, which systematically gathers, organizes, and disseminates the collective knowledge of the organization's members.

Technology is needed to quickly and adequately implement all four stages of the knowledge management. Technology includes the supporting, integrated technological networks and information tools that allow access to and exchange of information and learning. It includes technical processes, systems, and structure for collaboration, coaching, coordination, and other knowledge skills. It encompasses electronic tools and advanced methods for learning, such as computer conferencing, simulation, and computer supported collaboration. All these tools work to create knowledge freeways. Good knowledge management is not possible with the use of technology.

How Action Learning Builds the Knowledge Subsystem

Acquiring Knowledge: Action learning organizations are information-rich. In action learning sets members recognize the importance of acquiring information not only from external resources but also the value of tapping the tacit, internal wisdom and experience of each other. The internal networks developed in action learning sets heighten the awareness of organizational resources, facilitate exchanging and sharing of ideas, and generates knowledge.

Creating Knowledge: Participants in action learning programs understand that they should seek new ways of solving old problems, that the old knowledge may no longer be sufficient. Thus, members are constantly creating new knowledge and to encourage innovation within the set. Nonaka (1994) suggests that information creation is a fundamental requirement for the self-renewing (i.e., learning) organization. An autonomous self-organizing group begins to be realized when members are given the freedom to combine thought and action at their own discretion and are thereby able to guarantee the unity of knowledge and action.

The actions of action learning clarify and generate meanings.

Storing Knowledge: Knowing knowledge to store and why is based upon the organization's ability to make sense of the data encompassing and surrounding it. The company must then develop sense-making categories for coding and retaining value-added knowledge. Through its ongoing reflection on learning and the knowledge acquired, action learning programs lends themselves well to the Kantian school of thinking which "positions sense-making above mere sensing" (Botham and Vick, 1998). By reflecting on action, the set develops the ability to "make meaning" of the data collected and stored.

Transferring and Testing Knowledge: During the reflection periods, self-learnings become more explicit and intentional. Set members capture and store for themselves the knowledge and wisdom that will help them become better in both their professional and personal lives. Finally, action learning groups continuously seek ways in which they can transfer the learnings, wisdom, and experience gained in resolving the set's problem(s) to the organizations and communities in which they work.

Learning quickly and systematically is critical for surviving in the 21st century. The organization that makes learning its core business can rapidly leverage its new knowledge into new products, new marketing strategies, and new ways of doing business. Learning organizations will become the only place where global success is possible, where quality is more assured, and where energetic and talented people want to be. More and more organizations are seeing action learning as the vehicle to help them become learning organizations and to arrive safe and well into the next century.

References

Botham, D. and Vick, D "Action Learning and the Program at the Revans Center." **Performance Improvement Quarterly**. Vol. 11, No. 2 (1998), 5-16.

Dilworth, R. L. "Action Learning in a Nutshell " **Performance Improvement Quarterly**, Vol. 11, No. 1 (1998), 28-43.

Dilworth, R L. "Action Learning: Bridging Academic and Workplace Domains." **Employee Counseling Today**, Vol. 8, No 6, 48-56

Garratt, R. "The Power of Action Learning" in Pedler, M. (Ed.) **Action Learning in Practice (2nd ed.)**, Aldershot: Gower, 1991.

Keys, L. "Action Learning: Executive Development of Choice for the 1990s." **Journal of Management Development.** Vol. 12. No 8, (1994), 50-56

Limerick, D., Passfield, R. and Cunnington, B. "Transformational Change: Towards an Action Learning Organization." **The Learning Organization**, Vol. 1, No. 2, 1994, 29-40.

Marquardt, M. J. **Action Learning**. Alexandria, VA: ASTD Press, 1997

Marquardt, M.J. **Action Learning in Action**. Palo Alto: Davies-Black Press, 1999.

Marquardt, M. J. **Building the Learning Organization**. New York: McGraw-Hill, 1996.

Marquardt, M. J and Reynolds, A. **The Global Learning Organization**. New York: Irwin Professional Publishing, 1994

Marquardt, M. J. and Carter, T "Action Learning and Research at George Washington University." **Performance Improvement Quarterly**, Vol. 11, No. 2, 59-71.

Nonaka, I. "The Knowledge-Creating Company." **Harvard Business Review.** (Nov.-Dec., 1994) Vol. 69, No. 6, 96-104.

Pedler, M. (ed.) **Action Learning in Practice**. Brookfield, VT· Gower Publishing, 1991.

Revans, R.W. **Action Learning: New Techniques for Management**. London: Blond & Briggs, 1980.

Revans, R.W. **The Origins and Growth of Action Learning**. Bromley: Chartwell Bratt, 1982

Senge, P. **The Fifth Discipline** New York: Doubleday, 1990.

Autorenverzeichnis

Erich KIRCHLER, Prof. Dr.
Vorstand des Instituts für Psychologie
Universität Wien

Katja MEIER, Mag. Dr.
Institut für Psychologie
Universität Wien

Josef RATTNER, Prof. Dr. Dr.
Psychotherapeut
Institut für Tiefenpsychologie, Berlin

Dana SCHUPPERT, Dr.
Unternehmensberaterin
Stuttgart und Singapur

Georg TURNHEIM, Prof. Dr.
Unternehmensberater
Wien

Michael J. MARQUART, Prof. Dr.
Georg Washington Universität
Washington, D. C., USA

Frederick MAYER, Prof. Dr.
Fellow of the Royal Society of Arts
Club of Rome, Wien / Los Angeles

Sigrun D. SCHLICK, Dkfm. Dr.
Training, Consulting, Coaching
Wien / Velden / Sarasota, USA

Reinhard TAUSCH, Prof. Dr.
Psychotherapeut, Institut für
Psychologie, Universität Hamburg

Rudolf O. Zucha, Prof. Dr.
Persönl. u. Organisationsentw.
Universität Wien / Villach

Rudolf O. Zucha

Führungsstärke in der Praxis

Leadership, Organisation und Kultur
Internationale Aspekte des
praktischen Managementtrainings

Auf der Basis gesicherter Persönlichkeits- und Kommunikationstheorien (Bühler, Fromm, Luft, Porter, Watzlawick) werden Organisationsstrukturen in Institutionen und Unternehmen auf allen Ebenen einer wissenschaftlichen Analyse unterzogen. Der Autor stellt die Gesellschaft im Übergang von der Industrie- zur Bildungsgesellschaft dar und plädiert für eine „Lerngesellschaft" und kreatives Management.
Das Buch wendet sich an Manager der Wirtschaft und Verwaltung, Trainer und Organisationspsychologen, Studenten der Human- und Sozialwissenschaften sowie Wissenschafter, welche sich über die Trainingspraxis und deren theoretische Grundlage in Wirtschaft und Verwaltung informieren wollen.

Rudolf O. Zucha, Dr. phil., Lehrbeauftragter an der Universität Wien und an der Technischen Universität Wien, international erfolgreicher Managementberater mit Schwerpunkten auf Training, Consulting und Coaching.

1995 260 S., brosch., öS 328,– / DM 47,–
ISBN 3-85114-215-2

WUV-Universitätsverlag